# 47のエピソードで学ぶ学校のリスクマネジメント

～日常的なトラブルへの実践的対応～

櫻井靖久 著

学事出版

# はじめに

私は一九四九（昭和二四）年生まれのベビーブーム世代である。小・中・高と他の学年に比べると、いやに仲間が多いなと思いながら育った。中学時代からは順番が付けられ、高校では選別された。学園紛争が盛んではあったが、大学入学時には紛争は治まる。本を読んで生きるがモットーなので、結果としては無難な高校の教員となる。世の中はバブルとオイルショックで、経済の変化は激しかった。一方で、このベビーブーマーの子どもたちによる第二次ベビーブームでは、神奈川県は「県立高校新設百校計画」を打ち出し、順次開校されていった。私自身は、全日制教員から定時制に異動し、さらに新設高校開校スタッフとなった。幸運にも、開校時に学年四クラスでプレハブ校舎という、市中でありながら分校のような体験を経て、学年一二クラスの大規模校になるまでを体験した。

たまたま縁があり、県教育委員会の指導主事（国語・書道）として五年過ごした後、同課の高校企画班長になり、同時に兼務として、少子化対策のための「県立高校再編計画」、具体的には増やしすぎた県立高校をどう合併し再編するか、どうスクラップするかの委員も務めた。その後、母校の教頭として、百周年の式典を執行し、改編合併の下準備も併せて行い、さらに校長としても三校を経験した。

そのような経験を経てきた私が、あらためて「学校事故」、あるいは「学校の事件」を考えてみると、私の生徒時代にはそのようなことは特になく、思い出すものもない。その後の教員時代、特に担任の時は事故はあったが、学校事故と呼ぶほどのものはなかった。クラスの生徒がバイク事故を起こし、心配をしたり面倒を見たりしたが、担当あるいは担任としての当事者の関わりであり、学校の問題や責任の所在などという意識はなかった。

しかし、管理職としての校長となると、一つ一つの問題や事故・事件が、全て学校運営の上から、学校問題あるいは学校経営の一部の綻びのように見えてくるように思われる。これは教員の時には感ずることのなかった思いである。これは管理職として、いつも学校を眺め渡すと生まれてくる感覚なのであろうか。一種の鳥瞰図の感覚なのか。それは自然に管理職として生まれてくるものなのか。あるいは訓練して育てるべきものなのか。どちらにしても、管理職として必要なセンスだと考えられる。

ここに取り上げた問題や事例は、教育の問題の見地からいえば、特別で異常な次元の問題というものは一つもない。毎日普通に経験して生活している世界の中での話である。たまたま、エピソードとしてまとめているので、一人の校長として経験するには多すぎるという印象はあるにしてもフィクションはなく、事実に基づくものである。また、全てが解決したわけではなく、提示のみに終わるものもあるが、現場で起こり得る事例集として読んでいただければ幸いである。

著　者

●47のエピソードで学ぶ学校のリスクマネジメント――もくじ●

## 第4章　学校運営の様々な姿　145

# 第Ⅰ部

# 学校管理職と危機管理

# 学校事故とは何か

## ■学校事故とは何か

学校は、通常数百人から千数百人の児童・生徒が存在し、一年三六五日を、生き生きと精一杯活動する場所である。そこでは数十人の教職員が教え導き、指導管理する。週末や祝日あるいは長期休業を除き、毎日そして一日の大半を生活するのである。児童・生徒の意識にとっては、おそらく一日の全てを生活する場所でもある。人が大勢集まるといっても病院や老人施設とは違う。児童・生徒が一日活動するために、即ち安全や事故予防のために、様々な工夫と注意がなされている。しかしそれでも学校事故は起きる時がある。いや起きるのである。

それでは事故が起きた時に、校長はどう対処し、どう行動すべきか、そもそも学校事故をどう考えるのか、あらかじめ学校事故についてどう構えておくのか。校長として備えておくべき事故の考え方とは、どういうものなのか。実際に事故が起きてあたふたする前に、考えておくことは無駄ではない。

学校事故を具体の例で考えてみる。学校の施設を対象に考えると、地震や津波や洪水などの自然災害、火事などの不慮の災害については、全児童・生徒の避難であり、そのための訓練も学校行事として行っている。時々の大雨・大風・大雪等については、地域に応じてそれぞれの具体的な対応が組み込まれる。バス不便地域もあるので、繰り上げ早退等の措置も行っているはずである。また例えば、不審者や暴徒が学校に迫るというような非常事態については、早めの早退、間に合わなければ職員全体での警戒態勢を行い、可能ならば警察との連携も考える。以上の例のような場合には、基本的には緊急避難のための措置であり、生徒安全・生徒保護を第一とする。

もしも児童・生徒が、学校の建物から落下、墜落、飛び降りの場合は、そのこと自体は防ぎようがない。学校としては、事後対応として丁寧な対応と、再発防止に向けての事後点検となる。また、校内の生徒同士の争いについては教員が体を張って止める。場合によっては何人かの教員の支援とともにケアへの取り組みも必要となる。学校外部との関わりがあれば、警察の協力も考えなければならない。生徒指導において、もしも校内に差別問題やいじめについての事例があるならば、学校教育の本質に関わる問題となるので、問題を明らかにさせて、教員に周知させて、正面から真剣に取り組み、解決を目指す必要がある。

学校施設以外で、まず整備をと考えると通学路になる。その整備といっても、小・中・高の学校種によって考え方は違う。小学校は、地区により登校班が整備されるので、これは地区の委員や子ども会によって組織が組み立てられる。中学校は、各自がそれぞれの小さな地域での少ない人数での移動なので問題は少ない。高校では、生徒の居住区域が広がるので方法は自転車やバス・電車となり、逆に時間帯は集中する。朝は八時半前後から九時まで、学校周辺が大混雑となる。道路に面した家では、高校生が集中して、自宅から車が出せない。すると、学校に苦情が来る。「通学路を変えろ」もしくは、「家の前を生徒が通らないようにしろ」と。地面が接している以上、宿命的な問題である。歴史的に、先住権を主張できる問題ではないが、かといって、通学路を変更できるわけでもない。結果として、学校事情として周りの住宅の方には、登校時間ということで一方的に我慢をお願いするより仕方がない。

さらに、学校周辺の住宅地がいわゆる高級住宅地である時には、通学する高校生は異邦人となり異星人に映る。崩れた制服、茶髪、そうでなくともうるさいおしゃべり、我が物顔の通行であり、遅刻した生徒のくわえタバコを見ることは苦々しいだろう。いずれも住宅地にふさわしくない光景であり、学校公害であり、学校がなくなってほしい、と願うことであろう。それでも学校は存在するし、生徒は通学する。その時に、学校は「生徒を通しません」とはいえない。また、そこを通学する生徒を全て指導して、住民の気に入る姿にするということもできない。

それでは学校側はどう対処すべきか。良き解決法がないのなら基本を忠実になぞるべきである。即ち、生徒を指導する先生方の指導を見ていただくより方法がない。学校内外の生徒指導を強化してくり返すのである。さらに地区の苦情については、積極的に出向いて解決するように心がけるのである。特に校長や教頭の機動力を活用して、できるかぎり、近所の苦情に出張して対応することである。苦情の内容は解決できるものばかりではないが、とにかく出向くことである。電話で話すよりも、相手と直接話せば、解決はともかく、感情は和むことが多い。その上、校長がわざわざとなれば、そのことによって評価される場合もある。地元や近所を大事にするのは、人間関係の基本となる。

次に学校内の問題である。

新学期に入って、新しい環境に慣れ、落ち着いてくると児童・生徒や保護者から出てくる問題の一つは、「先生を代えてください」というものである。この場合、意味するところは「担任を代えてください」という意味と「教科担任を代えてください」という意味との二つある。しかし、どちらにしても学校側の回答は「できません」としか答えられない。学校側としては次年度のカリキュラムや学年やクラスを、前年の秋から冬にかけてじっくり練って、組み立てながら、人数の調整を含めて、新年度を始めたものである。それを、単に児童・生徒や保護者の希望によって、学期途中に組み直すことは無理であり、不可能なことである。学校側の取り組みである授業公開など、保護者側にとって、先生方を比較可能なこともあるが、単なる保護者や児童・生徒の好みだけで、学校側のカリキュラムにつながる教師の変更をするわけにはいかない。

さらに、最近は「指導力不足教員」の問題がある。これは新人教員の実力未熟の問題ではない。十年経験であるような、ベテラン教員の生徒指導力や授業の教授力に問題がある先生が存在することである。教員経験を重ねているが、持つべき教授法や指導法に偏りや欠陥がある場合に、具体的に時間をかけて再研修する制度である。そこで効果を上げなければ、教員身分を降下、停止等にする制度である。

学校としてあってはならない問題として、先生に対する金銭授受問題がある。その原因としては、備品、体操着、副教材、部活費、遠征費等の様々な要因がある。これは普段から、校長が注意を心がけておくべきであり、出てきたときには果然と取り組む。旧態の悪習は、新しい人が新しい眼で見れば改善策は出てくるはずである。

また、学校外のことで教職員本人に関わる社会的な事件がある。これは予測が難しいうえに突発的な事件が多いので、出てきたときに対応するしかない。そしてその場合には、何らかの監督者としての校長責任が問われることを覚悟した方が良い。たとえ、校外での交通事故であっても、教職員に関しては校長の監督責任が問われてくるのである。

学校行事や部活などの事故の場合には、あらかじめ想定される事故については対応を考える。しかし、事故は起きるときには思いがけない形で起きてくる場合が多い。

私が担任であった時の例である。クラスに、心臓疾患を持つ真面目な生徒がいた。普段の体育の授業にも過激な運動は避け、見学に徹していた。それがある時、マラソン大会に出場するという。「一度は本気で出たい」という本人の意志である。

担任としては「無理するな」といったが、「出る」という。私は頭に「マラソン大会で生徒死亡、心臓疾患の生徒、担任は一度は止めるが…」という見出しが浮かぶ。結局、生徒は完走し、無事に卒業したので、結果として良かったということがある。その時は、前年に近隣の学校でマラソン大会で問題が起きていたのである。

今一つは、地区運動会である。小学校のグランドで綱引きの綱が、プッツンと切れた場面に立ちあった。新聞による外国の例では、切れた綱が周りの何人かの腕をもぎ取ったということがあった。たまたまその時は、綱が切れただけでけが人はいなかった。綱引きの綱が切れる。これは想定外の事故の例である。

学校事故の基本的予防策は、学校施設の通常点検を欠かさないことである。非常時の対応は、通常点検の確実な対応の上での、新たな対応として対処するように心がけるより方法がない。

## ■ 学校事故に対する校長の基本的な姿勢と心構え

学校事故に対して、予想及び想定されるものについては、綿密な準備・点検と予防を怠らないことが必要である。

具体的には、毎日の登下校指導、通学路整備、交通指導、自転車点検と指導、バス乗車指導、交通講話と実技演習、集会指導、防災訓練、消火器等の日常点検など、当たり前のことを、日常的に毎日実施することが大事である。

まず、学校事故は前触れもなく突然に校長のところに上がってくる。そうしてそれは思いもしなかった想定外の形で起きることが多い。また、いじめ事件にみられるように、児童・生徒の自殺のような最悪の場合となって、表面化することも多い。いつでも突然の結果として、校長に突きつけられる。

校長が学校事故の第一報を知らされた時にどうするか。まず肝心なことは、気持が、腰が逃げないことが大事である。事態に正面から向き合う決意が必要である。校長は逃げない。逃げてはいけない。まず職員の前で、そういう姿勢を見せなければいけない。校長は責任者という立場の上からも逃げられない。全ての事実を受け入れなければならない。校長として第一に心すべきことである。

## ■ 学校事故への対応と解決に向けて

校長の学校事故の基本的立場としては、起きた事故についてどう後始末をつけるかということが本義となる。

普段から緊急情報は、必ずすぐに校長に届くように態勢を整えておく。いいかえれば、校長がすぐに第一報に接するような学校組織を作り上げる。基本的な形としては、校長が最初に事故の第一報を受けて、起きた事態の理解に努め、その対策を練り考えて、具体的に対策を考える。そして、校長がトップに立って、問題を解決に向けて尽力して解決する。対外的にも、全面に校長が立って説明するのが望ましい。

その事故の解決のために、校長は対策本部を設置し責任者を任命する。本部は会議室で、黒板、白板、模造紙等を使い、事件の概要、関連事項を図示し、時間順に事項を列挙する。責任者は教頭か主任とするのは、校長自身は、現場や教委等を移動するからである。情報は最大にして漏らさず報告する。時間経過により順次書き継いでゆく。学校の対策本部設置の機関は、警察の事件とは違い、期間が短くてすむはずである。せいぜい二週間であり、問題そのものが解決しなくても、事故そのものは、次の場面に移って行く。本部設置は縮小、仕舞いにしてかまわない。記録として一冊のノートや一覧表が残ればよい。そしてこの表が職員会議の説明資料となり、教育委員会の報告となるので、大変重宝することになる。形が大げさで、大変な作業であっても、正式な形にしておいた方が、最後には納得できるものとなる。

なお、事件が公になった時に、基本的に校長が前面に出て説明すべきものではあるが、事前に時間的都合により、あらかじめ副校長や教頭を前面に出すこともある。その時に代行したことにより、現場が混乱しているように見えたり、見栄えが悪くなったりしないように、効果を考える必要もある。

解決の手順として頭に入れておくことは、学校は万能ではないということと、学校は基本的に独立した一個の機関であるとともに、教育委員会の出先機関であることを自覚すべきである。新しい問題が起きたときには教委へ報告の義務と、問題解決の助言と指導を仰いで受け入れる。扱いが難しい問題については、教委に相談することにより、問題そのものが教委の指導の下に行われているということになる。さらには、こじれたときには責任は半分以上教育委員会あるいは首長の下におかれる。少なくとも学校長一人の責任ではなくなるはずである。

その問題の解決及びその経過は、学校の事故報告書によって教育委員会へ提出する。このこと事態は校長の義務であるけれど、書式そのものは指定されているので、それに則ればよい。

学校事故は、基本的には学校の不祥事である。それゆえに、学校の外に出さないで、中で片付けてそれでおしまいにしたい、簡単にすませたい、外に隠したくなるのが人情である。しかし、学校そのものは開かれた舞台の上で学習や生活が行われている。何事も隠せないし、児童や生徒の眼もある。問題そのものをオープンにせざるを得ない場合が多い。また、隠すことにより印象が悪くなり、責任者の命取りや後の後悔につながることもある。

校長は起きた学校事故の全てについて、説明責任があると私は考えている。だから、事故報告については教育委員会ばかりではなく、問題の内容によっては児童・生徒や保護者に対しての説明会も必要である。だから事故説明は、できるだけ公に備えて準備を心がける。そこでの第一番目の言葉は「ごめんなさい」であり、「申し訳ありません」となり、言い訳はしないし、してはいけない。

事故の説明会では、校長は最初から最後までみんなの前に立ち、しっかりと頭を下げる。保護者に対してはもちろんであるが、児童や生徒に対しても誠実さと丁寧さを忘れないことが大事である。

## ■学校事故の防止とその予防のために

学校事故の防止というよりも、本来的には児童・生徒の安全生活のために学校が何をなしえるかというのが主眼である。そのためには、学校への行き帰り、通学事故防止のための予防、学校生活の安全、教育活動が安全に遂行されるための事故防止が最大目標となる。そのための安全点検と事故防止となる。

即ち、具体的には、通学事故防止予防のためには、通学道路の整備、学校生活の安全のためには、学校施設安全点検、授業安全、学校行事や部活での事故防止となり、我々が毎日実際に行っている生活そのものともいえる。さらに、学校教育本来の目標に即しての学習実践と教育活動を通しての日常点検に尽きるのではないかと考えられる。そしてその活動は、教員の授業準備と実践の中で行われる。それゆえ、普通は授業の中で事故は起きない。自然災害及び不慮の災害を除けば、学校は最も安全と思われる場所の一つである。悪意ある人間、意図を持った人間の行動がなければ、学校は安全な場所なのである。そのために、家庭との連携により、外部からの危険から児童・生徒を守らなければならない。それを守るのが学校であり、校長の責任だと私は考える。

第Ⅱ部

# 事例で学ぶ学校の危機管理

# 校長として学校事故を考える

学校は児童・生徒が一日の大半を過ごすところである。同時にその場所は、児童・生徒にとって最も安全が保証された場所でなければならない。そのために、学校事故の防止は基本的に学校施設の安全点検であり、安全教育の普及と徹底、児童・生徒の生活の中での実施もしくは実践に尽きる。しかし、それでは学校事故が実際に起きた時に、校長はどう考え、どう行動すべきかということは、日常行動の実施だけでは学ぶことはできない。

学校事故は、思わぬ時に、思わぬ所で、思わぬ形で起きるのが普通である。校長自身に関係ないところでは、想定外の事例だと成りゆきを判断すれば良いのかも知れない。しかし、自分の学校で、自分が責任者であるところで起きた場合には、自分が判断し、指示して、教員を動かさせなくてはならない。そしてその時に、起きている事故がどんなものであるか、思い描きとらえられるか、その処理や手続きの行い方により、正しく校長の力量を評価されるし、されざるを得ないだろう。

そのために、具体的な事故が起きてくる前に、校長はあらかじめ、学校事故の先人の実例を学び、自分ならどう行動するか、考えておいたほうがよい。そのような学校事故は起きない方が良いに決まっている。あくまでも非常時の対策である。たまたまその時限りのことであるが、しかし、そのことで行動する校長の姿により、他人の評価が一変するのである。

例えば、地震の例で考える。普段の地震でも大きな場合には、何かにつかまってやりすごす。しかし、災害級の大きなものが来た時には夢中で覚えていないであろう。直下型の縦揺れの場合は、足元がストンと落ち、次に突き上げてくる。柱につかまることも覚束なく、頭が真っ白になるという。動くことも見回す余裕もない、とのことである。要するに事態が落ち着いて、ようやく物を考えられるようになる。その時に何を考え、どう行動するか。普通の人は何も考えられない。しかし、リーダーはその時に指示する、判断する、声をかける。これは校長だけのことではない。教員として、児童・生徒を引率していたら、声をかけて指導するのは責務となる。

リーダーはすぐに動いて指示を出さなくてはならない。極端にいえば、そのようなときに、リーダーとそうでない人の違いが出てくる。校長としてのリーダーシップは常に全体を見るし、一歩先を見ていなければならない。そのために、校長は具体的な過去の事例にどのようなものがあるかを理解し、検討し、判断力を養うことが必要となる。その場合に、判断の根拠に具体的な事例を持っているかどうかで、重みが違ってくる。

本文中に挙げた事例は、私が経験した事例と、県教委の高校教育課指導主事として見聞した事例とに基づくものである。事故が起きると、校長は指導主事に、生徒が事故で亡くなったと肩を落として報告したり、普段は豪放な笑いを見せる校長が悄然としてうなだれながら指導主事の指導を受けたり、ということも普通に見られた。

校長は具体例を基礎にして自分の事例に応用して処理する。そのような基礎事例として読んでいただくとありがたい。また、私の挙げた内容が基本事例として、適切であったかどうかは、私にはわからない。問題がある事例であるならば、それを乗りこえた形で実践して、それを報告していただくならば、後進にとってより良い形になってゆくに違いない。そのことも、私は楽しみとして待っていたい。

# 第1章
# 生徒の指導問題と学校の対応

# 1　生徒が逮捕される

## ■生徒の逮捕はなかなか知り得ない

毎年の警察の事件や犯罪統計には、分類として有職未成年や中学生・高校生の数が載せてある。しかし、その具体的な学校名や生徒名は知らされることはない。例えば一警察署管内での万引きについての統計も、お宅の学校では何件何名です、と知らせても生徒名は教えない。万引きの場合は、警察に連絡する代わりに該当の店から電話が入り、教員が引き取りに行くという場合もある。

未成年ということで、警察は保護者以外に情報を伝えることはない。これは事故の加害者ばかりでなく、被害者の場合も教えてくれない。

近くでバイク通学の生徒が事故を起こして亡くなった。すぐに警察に電話をして、「ウチの生徒ではないですか？」答えは、「違います」の一言。連絡網を使い、各学校に問い合わせさせた。該当の学校にだけ生徒名を知らされていた、ということがあった。

それほど警察のガードは堅い。そして保護者はといえば、子どもが警察に逮捕されたことを知られれば、どんな不利をこうむるかと思い、堅く口を閉ざす。

## ■指導も処理も難しい

学校側が知りうるのは、だいぶ後になってからのことが多い。その当時は連続した休みが続くな、という不審を感じるだけである。家庭に連絡しても、「病気が長引いています」という答えが返ってくることが多い。あるいはたまたま生徒の噂で警察に捕まっている、少年院に入っている、と聞こえてきても、事実としてはつかみようがない。事実を知っても処置や方法がない。

最近は、教育委員会と警察の連絡協力会ができ、事件や事故の情報交換ができるようになってきているところがある。しかし、個々の事件の生徒名をその場で教えてくれるかどうかは疑問である。また、学校がその時に知り得ても、どう処理し、指導するかは不明である。学校の生徒指導としては、二重罰は行わないという良識（原則）があるからである。これは謹慎を意味するのだろうが、生徒に何があってどうなったかを聞く指導もあるとは思うが、学校外で起こったこと、生徒の全存在に学校は責任を持てるのか、といわれれば難しくなる。結局、生徒が警察に逮捕されてもその事実を知ることは難しい上に、事実を知っても動きようがない。静観するのみである。そして、生徒が学校に復帰しても、その事実に対して指導も処理も難しいということになる。その事実に触れないことも仕方がない。ただ、学校側の姿勢としては、その事実を知るように努めるという姿勢は大事である。

## ■生徒の情報を出す場合の方法

学校に警察や裁判所から情報を求められる場合がある。特に裁判所から、文書によって指導要録の写しを求められることが多い。その場合、情報に三段階ある。いわゆる本校入学時の学籍、住所・保護者名・中学校名等。次に本校に入学してからの成績・出欠席等。そして所見等の担任意見。基本的には必要最小限の形で返すのが原則である。裁判所の文書は、提出命令だから提出する義務がある。しかし、出す内容については、こちらの判断であるから、極端にいえば学籍のみでも良い。コピーで丸ごと渡すことはしてはいけない。役所であっても、余分な個人情報の流失である。教育委員会との相談で、成績・出欠席を出すかどうか判断する。その場合でも、所見等は必ず削除する。改めて見直すと、警察が逮捕された生徒名を教えないのも分かる気がする。

**総括**

生徒が警察に逮捕された時は、学校に知らされない。学校外の生徒の生活や家庭生活には、学校は踏み込めない。そのための用意と準備と覚悟がなければ踏み入ってはならない。一方で、生徒情報を学校から出すときは吟味する。

# 2 「先生を代えてください」

## ■生徒と保護者の訴え

いつの時代にも先生と相性の悪い生徒はいる。もちろん一概に生徒が悪いとはいえない。昔は良くも悪くも仕方ないと我慢するか、勉強で先生をまかそうと気負うという態度があった。今では、自分に合わないとか教え方がまずいと、校長や教育委員会に苦情をいったりする。

学校側は、担任や教科担任は前年から時間をかけて態勢を組む。生徒についても、成績その他で慎重に時間をかける。それを先生を代えてくれといわれても、簡単に受けるわけにはゆかない。学校の管理運営上から認めることはできない。結論はハッキリしている。

それならば、生徒と保護者の苦情を無視して良いかといえば、それでは通らない。特に今の時代は、学校の授業が開放されて、保護者は参観日以外にも気軽に授業が見られて、他の先生との比較ができる時代である。その場合、どういう解決があるのか。

## ■担当の教師に伝え、教科で取り組ませる

一般的に苦情の対象者になる教員に若手はあまりいない。大体が二〇年教師のような中年教師であることが多い。どちらかといえば、ベテランに入る経験の教師が、力量としてはベテランに入り損ねたという例が多い。そしてほとんど、教員の力量としての質というよりも、教師としての姿勢や意義の問題に尽きるといっても良い。それが力量としての質の問題ならば、校長としては「指導力不足教員」の問題として取り上げて、教育委員会に相談して研修を考えなければならない。

一般的にいえば、生徒・保護者からの苦情はそこまでのものではなく、今まで習った先生と違い、教える内容が良く理解できない、教え方が下手だ、熱心でない、プリントをくれない、小テストがない、というレベルの訴えが多い。もちろん生徒側にとっては重要な問題である。しかし、学校側としては、こんなことでいちいち教科担任の変更を申し出られたのではかなわない。「先生を代える」とは口が裂けてもいえない。苦情は苦情、訴えに根拠があるなら、学校としては真摯に応えなくてはならない。やはり、教師本人に苦情の内容を伝え、教科主任共々、教科内での研修に励むように勧める。形としては、校長が教頭共々、本人、教科の先生方に伝える。内容としては、はっきりといいにくいことではあるが、はっきりと伝える。

この場合の方法として、教育委員会の名前を、あらかじめ了解の下に出しても良い。いいにくい相手であるならば、指導力不足教員の問題もその次に控えているので、教育委員会の指導もありうることを伝える。その当該教員の能力が急に上昇することはあり得ないが、以前とは違った姿勢を見せる、あるいは他の先生方を交えて、指導のための観察や研究をしている、ということを理解させるのがねらいである。

## ■校長は苦情を丁寧に聞く

学校に寄せられる苦情の内容は様々である。その訴えにはもっともである内容も多い。しかし、学校としてはできることとできないことがある。しかし、相手は、それこそなりふり構わず自分の正当性を感情的に主張してくる。その苦情に対しては、ストレートに「できません」ではなく、その内容に共感を寄せて、もっともであるとその内容に理解を示してあげることも大事である。そして最後にできないことはできない、ときちんと述べる。

**総　括**

保護者から良く出される要求の一つである。しかし、学校は簡単に「はい」とは答えられない。要求と要請の内容はきちんと聞き、改善すべきところは改善するが、できないものはできないことを伝える。

# 3　いじめは楽しい⁉

■いじめは無くならない！

新聞報道でもいじめの事件が絶えることがない。しかも報道されるのがいじめの結果の自殺であることが多い。痛ましく、何とかならなかったものか、と考えさせられる。

学校でのいじめ対策は、まずスローガンが立てられることが多い。

「いじめの存在を許さない」などと。

そのための細目として、いじめをしない人間関係づくり、いじめをさせない環境づくりなどといかにも教育目標らしく整えられる。それで、本校ではいじめがないと安心する。学校において具体的な事例がない場合の対応策としては標準的なところであろう。

しかし、曾野綾子氏はいじめを明解に喝破した。

「いじめは『楽しい』ものでもある。（中略）私たち人間の心の中には、いじめを『楽しむ』という悪い心根が確かにあるのです。（中略）いじめをなくすことができないならば、いじめに耐えて生きてゆける強いこどもたちをどう育てていくか。これこそがたいせつなのです（週刊現代平成25・2・16）」と述べる。

いじめの原理と対策の本質を極めて簡潔に述べた言葉と思う。いじめは、いつでも、どこでも、誰にでも、起こりうることを示唆する意見でもある。そして教育界のいじめの認識と対応がいかに甘く底の浅いものであることを思い知らされる。また、いじめ事件が実際に起きた時に、いじめ事件の実態解明と解決を遅れがちにする真理も含む。

## ■いじめは被害者の人格をこわす！

なぜ、いじめ事件が被害者の自殺という最悪の結果を引き起こすのか。それは被害者の人格をいじめが貶めるからである。いじめられている被害者は、いじめられていると、友人にいわない、親にいわない、先生に打ち明けない。いじめられている一人ひとりに自負があり、プライドがあり、自恃があるからである。

つまり、自分の寄りどころであり、頼みにする意識、自意識、プライドをくだかれるのである。それゆえに、他人に友人に親に先生にいわない、いいたくない。いえば、自分の存在を否定し最小化することになるから、相談しないし、打ち明けない。いよいよとなれば、自分という存在を抹消するという行動に出るしかない。他人の心配や助言は受け付けられなくなっていると私は考える。

その状況の中で、学校として何ができるか。長期的展望としては、学校本来の教育機関としての機能を発揮するよりない。いつでも、どこでも、誰にでも、起きるものならば、具体的にはいじめに対応できる人間性の育成であり、いじめに対して抵抗力を持たせる、いじめに負けない、いじめに打ち勝つための教育である。スローガンとしていじめを許さないのではなく、今こそ、どうしたらいじめを克服できるかを教えることである。

## ■教師は千里眼たれ！

もう一つの方法は、対症療法としての早期発見、早期解決である。他の生徒指導事件と同じような解決しかないであろう。

教師は万能ではないし、スーパーマンでもない。しかし、教師は専門職でありその立場に置かれた専門性を要求される。私はそれゆえに、「教師は千里眼たれ」といいたい。保母や幼稚園教諭には、「部屋にいる全ての幼児を目に入れよ、後ろにも目を持て」と教育される。その伝でいえば、目の前の三〇人、四〇人の児童・生徒に対して教師は千里眼の目を持て、と私はいいたい。

**総括**

どこにでも、誰にでもいじめは起きる。それならば、校長はいじめを起こさせない気概を持ち、教員たちのいじめを見抜く力を育てよう。さらに生徒にはいじめを克服する力を持つように育てよう。

# 4　生徒の盗撮事件

## ■挙動不審の生徒

文化祭のある時間に、生徒指導担当が校長室に来て報告した。「盗撮する生徒を見つけました、どう対処しましょうか」と。話を聞いてみると、生徒自身は普段は真面目な生徒で行動上は問題ない生徒であり、成績は上位の生徒である。それがどうも文化祭で不審な動きをしていたという。女子生徒の後ろについて、カバンを前に差し出す振る舞い、あるいは前に捧げ持つような行動を何回となく繰り返した、という。

担当が確認したところ、明らかに女子生徒のスカートの下から盗撮したものだという。さらに本人に糺してみると、今回だけでなく、駅頭や他校の文化祭にも出かけて盗撮したという。担当は早速本人の家に出向いて、部屋にあったビデオテープを親の了解のもとに引きあげてきた。それで、これからどうすべきか、校長にあらかじめ相談に来たという。

## ■盗撮された被害者の対応に苦慮

証拠の物件は物が物だけに、生徒指導担当の二人に管理を任せた。本校では盗撮事件は初めてであり、舞台が本校ばかりでなく、他校や駅頭でも行われており、被害者の数も特定できない。それで一応参考のためということで、警察署の少年課に相談をする。そうすると、被害者から被害届が出れば、警察は対応します、とのことであった。そこで、これは学校内の指導ということで処理しようと決めた。それゆえ、駅と他校での盗撮は脇へおいた。

私の勤務校の女子生徒被害者に対する今後の指導とケアについてどうするか、担当と話し合った。担当は、「女子生徒本人たちは盗撮されたことに気付いていない。そして、みんな真面目な生徒ばかりです。もしも、他の人に自分のスカートの中を盗撮されたとわかり、映像や写真を見せられたらかえってショックを受ける。このことにより、不登校や学校不信を起こすかもしれない。さらに、このことがトラウマとして残るかもしれません、実際は被害者であるけれども、被害者であると本人に知らせない方が良い。本校にはチアリーダー部があり、みんなの前で跳んだり跳ねたりのような活発な女子たちもおりますが、今回の被害者たちはそういう生徒ではありません。みんな真面目で内気な生徒です」と力説した。

## ■結果オーライの指導の処置

今回の事件を、あえて表沙汰にするつもりも公のことにするつもりもないので、校長決定で被害者に通知しないで、盗撮した生徒のみを学校の指導措置とした。

結局、盗撮した生徒は喫煙指導のような形で指導した。もちろん、盗撮したことや、被害者本人に一言も漏らさない、という指導も入れた。もともと行動に問題がある生徒ではないので、そのまま卒業した。しかし、校長としてはこれで良かったのかという疑念も残っている。他に方法がなかったのか。被害者像をハッキリさせれば、いろいろな問題も出てくるのは確かであるが、この処理では「くさいものにフタ」というその場限りの解決でしかない。

学校はたくさんの生徒という「なまもの」を扱っているという現実は承知する一方、何とも生煮えの事件であり、完全解決とはいえず、心の中にくすぶり続けて、後味のよくない事件であった。

## 総括

盗撮は発見したら厳重指導を行う。特にその行為の広がりと人間関係に注意して、適切な対応と指導を心がける。また、問題となる証拠物件の完全処理にも配慮する。被害者には適切なケアを行う。時には未通知の場合も出てくるのはやむを得ない。

# 5　想像力のない生徒

## ■消火器事件起こる

廊下の備品の消火器から消火剤がまかれて、真っ白になっているとの報告が生徒から届いたのは、昼休みが終わる頃であった。ただちに教師が駆けつけて見ると、家庭科室の廊下は消火剤で雪か砂が撒かれたようになっている。

以前から、あちこちの消火器から安全ピンがぬかれていることは承知していた。生徒がいたずらで消火器をふりまわしたのか、それとも何かつまずいたか転んだかして、消火器に引っかけたのだろうか。

この現場を見つけた生徒によれば、その時に生徒の姿はなく、廊下の窓は開いていた、という。とにかく、五時限目の授業は始まっている。この場を掃除して、帰りのHRで生徒に聞いてみることにした。ちなみに、この高校では消火器のいたずらはなかった。生徒はおとなしく、全員が大学を目指し、生徒指導の件数も少ない。

## ■生徒の想像力のなさと幼稚さ

帰りのＨＲで三年の男子二人が名乗りでた。彼らの話によれば故意ではあるが、いたずらではない。驚くべき幼稚さである。

二人は五時限目が体育なので、グラウンドに向かうために、家庭科室の横を通った。ピンのはずれた消火器を見て一人が「このハンドルを握るとどうなるかな」という。もう一人が、実際にハンドルを握った。当然のことながら、そこで消火剤が噴出する。二人は、消火剤が噴出するのを見て、ビックリしたのだ。そしてあまりにも勢いよく出て、むせたので、廊下の窓を開けて、消火器をそのまま置いて、靴を履き替えてグラウンドに出たというのである。五時限目の体育で点呼を受けて、そのまま授業を受けた。

この二人は問題生徒ではなく普通の生徒であり、成績も中の上である。その二人の三年生は、ピンのはずれた消火器を握るとどうなるかが想像できなかった。そして、消火器の消火剤が噴出したら、ただ唖然としてなすすべがなかったのである。

そこで、すぐに先生に報告したり、後片付けをするとか、手伝いや報告を頼むという考えや行動が浮かばなかった。ただ、むせたので窓を開けただけだった。突発事件が起きたのに、いつもの通りの日常的な行動、体育の授業を受けるという行動に終わった。

これは小児性というべきか、幼児性というべきか。あるいは現在の教育を施す我々の方に教育方法や指導に何か構造的空虚もしくは基本的な欠陥があるのだろうかとも考えられる。

## ■事件に対処できない生徒たち

この消火器事件は普通の生徒が起こしたものである。そうならば、これはむしろ現代生徒が持つ特徴というべきものである。

即ち、これをしたらどうなるかという想像力に欠ける生徒、事件が目の前で起きても対応できずに眺めるだけの生徒、事件が起きても対処できずに後始末することができない生徒の姿である。

知識や物事を断片的に頭に詰め込むだけの勉強をしてきた生徒は、基本的で総合的な体験を欠如したまま育ったと考えられる。

学校では掃除する生徒も、家では掃除をしたことがなく、家では勉強さえしていれば良い。我々が三十年前、当たり前に体験したことが、今では貴重な珍しい体験になっているかと思うと、隔世の感がある。何をいまさら、といわれるかもしれないが、私には大きな驚きである。と同時に、そのような生徒を指導しているのだ、と考え直すことは、大事なことであるに違いない。

### 総括

現在の生徒の実体験のなさには驚くばかりである。生活体験や生活感覚のない、頭でっかちの子どもの現在と未来を憂える。このような子どもたちを日常教育しているのだと意識しておくべきであろう。

# 6　飛び降りる生徒

## ■突然の放送呼び出し

私が教頭の時である。二学期の期末試験の最初の日、校長室で校長と朝の打ち合わせをしている時である。校内放送が性急な声で私を呼ぶ。

「教頭先生！　至急、職員室にお戻り下さい！」

校長と顔を見合わせて、何をあわてた声で、というようにうなずきあった。それでもすぐに職員室に戻ると、渡り廊下の前で、先生方が集まっていた。

よくよく見ると、その中庭の所に男子生徒が倒れて、頭から血を流して、そばに血だまりができていた。飛び降りて、頭を打ったのは明らかだった。養護の先生が介抱して、生徒に毛布をかぶせていた。生徒は倒れていても、眼を見開いて深く息をしており、正気を失っていなかった。救急車は呼んだという。

## ■飛び降りた生徒の理由

生徒は自ら三階の窓から中庭のアスファルトに向かって、頭から飛び込んだらしい。担任は家庭に連絡する。生徒はケガはしたものの、死は免れていた。試験当日の朝なので、早朝とはいえ、向かい側の窓から、飛び降りる生徒を見てしまった生徒もいるらしい。

早速、職員打ち合わせで事件の報告をするとともに、状況を見た生徒を聞き出し、ケア対策としてカウンセラーと連絡をとった。飛び降りたA君は、成績低下のために進路の悩みを持っていたらしい。それで結果的に、期末試験の初日の朝に飛び降りたようだ。

状況から見ると、前から意図してではなく発作的に行動を起こしたらしい。幸運にも死なずにすんだけれども、頭を直接にアスファルトにぶつけたのだから、その手当てと後遺症なども心配である。

この生徒については、担任ばかりでなく主任とともに相談しながら対応させることにした。ともかくもテスト初日である。学校全体が平常に進むようにも努めた。そしてテストの日程は予定通り終えた。テスト初日に、二年男子生徒が三階から飛び降りたことを除いて何事もなかった。

またこのことは、外部に知られることも、新聞記事にもならなかった。特に先生方に箝口令を敷いたわけでもなかったが、先生方の理性が働いたと考える。生徒の方も動揺がないのは、テスト中だったからであろう。

それゆえ、学校としては、A君のその後の治療と相談に終始すればよかった。

## ■その後のA君

A君の傷については、頭の打ち身だけであった。実際の傷はたいしたことなく、むしろ頭痛や偏頭痛にしばらくの間、悩まされたようである。しかし、本当の根本問題は成績の悩みなので、飛び降りても解決しなかった。このことでかえって、入院したり治療したりで、よけいに勉強から遠のいてしまった。学校の成績では低空飛行を続けた。

ただ今回のことで先生方の同情を引いたのか、留年になったり最低点をつけられることはなかった。その後もA君は悩みながら家出等を繰り返した。それでも学年団の先生方がA君を励まし、担任や学年主任が相談や助言を惜しまなかったので、自分に合った進路を見つけ卒業していった。今回の事件では、管理職の力量を試された思いである。学校の立場としては、生きていたから良かったものの、もしこれで死亡していたら、その後の対応は今回とは比べられない大変なものとなっただろう。警察と教育委員会への対応と説明、報告書をいくつも作成しなければならない。それを思うと、本人を囲む親や学年団ばかりでなく、管理職としても心から生徒の無事を喜びたい。

**総括**

生徒が校舎の三階から中庭に飛び降りる。頭を打つも生命に異常なし。学校としては無事で良かった。しかし、原因の成績不振は変わらず、悩みは解決しなかった。

# 7　生徒の落下事故

## ■大掃除の日

男子生徒の飛び降り事件から二週間ほどたち、記憶も薄れた二学期終業式の前日の大掃除の日であった。今年も何とか無事に終業式を迎えられるのかと、ある感慨を持って、その日程をあれこれと先生方と話していた。

その時に、女子生徒が三階から落ちたという知らせがあった。「なぜ、どうして?」というよりも、まずは目立った外傷はなく、生命も無事であり、すぐに救急車を呼ぶ対応をしたという。担任と養護教諭が付き添う。見送った後で、校長と一緒に、生徒の落ちた場所を検証する。三階の教室の窓から校舎の外側に落ちたという。その場所一帯はちょっとした林のようになっていた。

三階の教室からは眺めのよいところではない。校舎の真下にはコンクリート排水溝がめぐらしてある。生徒が落ちた場所の近くには鉄のマンホールがあり、その周りもコンクリートで固められている。そのどちらに落ちても、ただではすまなかっただろう、と考えるとゾッとした。

どうやら状況を聞くと、生徒は落ちる時にシュロの木に一度引っかかり、それがショックをやわらげて土の地面に落下したようである。それで、特に外傷がなかったらしい。

## ■女子生徒のその後

生徒が救急車で搬送後、警察がその後の状況調査にやってきた。教頭の私は、情報を一元化して全面的に答えた。しかし、あとで来た私服の刑事の質問はいやらしかった。「その時に教室の中に何人生徒がいましたか」「落ちた女子生徒が押されたとか、落とされたとかいうことはありませんか」と、いうのである。つまり、事故ではなく事件ではないのか、という聴取である。

「他の生徒に直接聞いてもいいですか」と聞くので、「それは困ります、私に聞いて下さい」と応えた。この事故で生徒を巻き込むことも、生徒に嫌な気持ちをもたせるわけにもいかない、と思ったのである。警察もそれ以上のことはなくて終わった。

幸いに生徒は、特にケガや傷もなく、ただ口の中を少し切っただけですんだ。落ちた理由を尋ねると、教室の窓の外側を拭こうとした、という。今風の女子生徒だからスカートを短くしてある。机を窓側に寄せて、その机の上に乗り雑巾で外側の窓を拭こうとして乗り出し、バランスを崩して落ちたらしい。

その後、その女子生徒はしばらく窓の近くにこわくていけないという状態が続いた。ともかく一段落してみると、生徒が三階から落ちたにもかかわらず、無事で大きなケガもなくて終わったので、よかったよかった、ということになった。

## ■管理職として事件と事故

前回（43頁参照）と今回のことに関連して、大原健士郎先生の言葉を思い出した。サンフランシスコの金門橋は飛び降り自殺の名所であるが、百人が百人ともサンフランシスコの町を見ながら飛び降りる、反対の太平洋側に飛び降りたものは一人もいない、というのである。

なるほどと感じたのだが、それはさておき、私が教頭になって二年、二週間の間に続けて生徒の飛び降り事件と落下事故を経験した。これはそれぞれ稀な例であろうけれども、そのたびの対外交渉、職員の指揮と調整、生徒に対する配慮と指導等の一連の関連事項を考えると大変に気を遣う仕事であった。それと同時に管理職の腕の見せ所でもあった。

この二つの問題を経験することで、何かしら自信がついたような気持ちがした。管理職として腰がすわった感じである。これから何が起きても対応可能だろうと自信がついた。

総括

生徒が掃除の窓ふきで、校舎の三階から誤って転落する。奇跡的に無事であり、管理職として肝を冷やした例である。

# 8　生徒刺される

## ■突然の刺傷事件

五月の連休明けの日である。三年の担任から「生徒からの連絡なので確実なことは何もわかりませんが、私のクラスの生徒がナイフで刺されて入院しているようです。両親は病院に駆けつけているようで、電話をかけても通じません。どこの病院かも、傷の程度がどれくらいかもわかりません。ともかく訪ねてみていろいろ調べてみたいと思います」という報告を受けた。

その生徒は目立つ生徒であったが、特に問題生徒というわけでもなかった。報告を聞きながら、連休中のある新聞記事を思い出した。県内版に、深夜横浜の公園で有職少年に高校生が刺された記事だった。読んだその時は、場所が横浜だから本校の生徒ではないなとタカをくくっていた。

## ■刺傷事件の前後

担任と学年主任の動きによって、刺された生徒の状態がわかってきた。ナイフで胸を刺され、肺の中に血が溜まっている状態で、重傷で一時は危篤にも陥っていたが、今はそれも一応脱して安静にしていれば問題はないとのことである。刺されてすぐに救急車を呼んで、病院に運ばれたのが良かったようだ。

さらにそこに至るまでの経過がわかると、子ども同士の喧嘩の内容であり、取るにたらないものであった。そもそもの初めは、いわゆるインターネットの掲示板の書き込みの加熱である。

出身中学のOBが、それぞれの中学自慢とけなしあいである。A中学のOBはきちんとしたのがいなくて頼りない、C中学のOBはしっかりしたのがそろっていて頼もしい、というような他愛ないやりとりが、そのOBたちを刺激したらしい。

そして、深夜の公園で、それぞれの中学の代表が出てきて闘いあってケリをつけようと話が決まったらしい。

代表は一人で、私の勤務校の生徒が片方の中学の代表となり、もう片方の中学の代表は一つ年上の有職少年であった。いわゆる一対一の「タイマン」という闘い方である。その経過は知らないが、どうも私の勤務校の生徒が一方的に勝利を収めたらしい。

そこで、負けた有職少年は悔しがり、カバンからナイフを出して、それで私の勤務校の生徒を刺したらしい。それで周りの者が急いで救急車を呼ぶ。ナイフの刺傷であるから、警察も一緒に来る。そこで有職少年は逮捕され、周りの生徒は事情聴取となる。新聞記事は簡単な結末しか書かれていないが、経過はおおよそ以上のようなものである。

## ■若さの回復力

学校側では重傷と信じていたので、二ケ月ぐらい治療や入院がかかると考えていた。経過はともかく結果はナイフ事件の被害者であるので、この治療による欠席は生徒の不利にならないようにと考えていた。

ところが、若さという回復力は素晴らしいものである。二週間ほど経ったら、突然、母親が本人を学校に連れてきた。「病院は退院しました。本人も寝ているのは飽きた、というので学校に連れてきました、授業を受けさせて下さい」と、いうのである。

学校もあわてた。まだまだ入院状態が続くと考えていたのである。生徒が学校に出て来たら、という前提での手続きをまだ考えていなかった。一応、事件の後である。特別のケアは必要なくとも、事件の事実の確認をして今回の事件の反省と学校からの注意、事件のことは口外しないとの約束、担任がクラスの生徒に今日からクラスに戻るとの説明をして、次の日から出席させることになった。

**総括**

実際にはめったにない、ナイフによる生徒刺傷事件である。たまたま被害者となり、生徒の体力回復の早さに驚く事件であった。しかし、事件は思いがけない形で起きてくる場合が多いことを意識しておきたい。

# 9　ＤＶ被害生徒の転校

## ■成績不良生徒のＥ子

その女子生徒Ｅ子の記憶は私にはあった。三年の進級会議の折に、もめた生徒である。成績は全般にわたり低空飛行であり、遅刻・欠席も多かった。それらの特徴が三年になっても解消されず、一学期末の成績会議まで持ち越していた。その上にアルバイトもしており、このままでは卒業も危ぶまれていた。その時の担任の説明では、なかなか家庭の協力も得られない、そもそも連絡がつかないことがしばしばある、と説明していた。

この状態であるからこそ、本人の自覚を促し、家庭での親と協力し合って卒業を目指すべきなのに、その本人と親がつかまらないとは、一体どういうことであるのか。

他の成績不良の生徒は、肝心の成果はともかくとして、一応、本人にきっちりと自覚を促す指導を行い、家庭での親とともども学校と連携し、協力を約束していた。

## ■Ｙ市相談部からの申し出

突然に、Ｙ市相談部から学校への連絡があったのは、夏休みに入ったばかりの時だった。

成績不良であるE子と母親が、父親のDVの被害にあい、Y市に駆け込み保護されている、と連絡を受けた。

「今、母とE子の居所はいえない。父親にも伝えない。そして別の場所に生活できる場所を探して、生計を立てさせるつもりである。学校はS市の高校に転校させるように、手続きを行ってほしい。また、父親には二人を捜さないでほしい、二人に五百メートル以内に近付いたら警察の出動を要請すると伝えてある。とはいっても、学校に情報を取りに父親が行くかもしれないので、知らないと突っぱねてほしい」との要請があった。

すぐ担任と主任を呼び、「こういう状態であるので、転校の書類を作成してほしい」と伝えた。情報は管理職と担任・主任のみとする。学校探しは、県の相談担当にお願いする。非常時の転校であるので相手校はすぐに見つかり、転校試験も形ばかりのものであった。顔見知りの校長であるので、一言感謝を述べ、成績不良生徒で申し訳ないと謝する。

本人は学校に私物を取りに来て、そこで担任と挨拶する。学校に父親が来ることはなく、本人は九月一日付けで向こうの学校に移った。担任はクラスへの紹介で、家の都合で別の学校にと伝えるのみで、学校名は知らせない。

## ■転校の後の卒業

Y市の相談部からは、その後、特に連絡はなかった。E子と母親はS市のどこかで、新たに生活を始めたらしい。父親からの押しかけもなかった。

転校先の校長の話によると、その生徒に対して、親身に面倒を見てくれる先生がいるとのことである。その先生は、たまたま私の前任校で総括教諭だった人である。私のいる学校から、ＤＶ被害で特別に転校した生徒であるので、細かく丁寧に面倒を見てくれる、ということである。

前に私から特に目をかけられたという事情もあるが、理由は何であれ、生徒にとっては友達もいない新しい場所で、親身に相談に乗ってくれる先生がいることは、心強いであろう。

もともとの学校にいれば、卒業も危ぶまれていた生徒が、転校した学校でハンディを乗り越えて、あっさりと卒業を決めたようである。

卒業式は同じ日であるので、本人を知っている先生で当日の係から外れている者を、その学校に派遣して、本人に祝いを述べさせた。ただし残念なのは、事情が事情であるだけに、本人と母親が、元担任やお世話になった先生に挨拶に来られなかったことである。

## 総括

父親からＤＶの被害を受けている生徒に対して、学校は転校の手続きを行った。市へのかけこみ相談の補助をした例である。いかにも現代の家族の問題の例となった。しかし、問題は解決したのではなく、先送りとなった。学校としては良き解決を祈る。

# 10　授業中の自傷未遂

## ■授業中の自傷行為

生徒の異変に気付いたのは、五校時目の社会の教師であった。窓際の女子生徒に対して、隣の女子生徒が必死に引き止めていた。

よくよく見ると、窓側の生徒の右手を、隣の生徒が両手で押さえていた。さらに窓側の生徒の右手の先を見ると、カッターの刃が光っている。教師は、そのカッターを取り上げ、とりあえず、このクラスを自習にして、二人の女子生徒を別室に連れて行った。

隣の女子生徒によれば、理由はわからないけれど、窓側の女子生徒がカッターを取り出し、つくづく見つめて、左手に当てそうになったから、これは危ないと思ってとりあえず、その右手を押さえた、という。

一方で窓際の女子生徒は、「私はいいの、私はいらない生徒だから手を切って死のうと思った」といい、涙を流すだけであった。それで先生は、手を押さえた女子生徒を、とりあえず教室に戻した。泣いているＢ子から、さらに理由を聞きだすために、落ち着くのを待った。

## ■追いつめられたB子

B子はあまり友人の数は多くなく、個人的なつきあいも少ない生徒である。それでもクラスの中で、昼休みにはよく五、六人のグループで戯れたり、話し合ったりして固まっていた。ところがB子は、今日遅刻した。クラスの仲良しグループとは、朝からロクに話をしてなかった。そして今日の昼休みは、たまたま三人ほどが委員会で、昼に集合がかかっていた。残りの二人は、別の友達との昼食の会を予約していた。それゆえ、B子に対して、「ごめん、今日は別の約束があって、あなたと一緒に食べられない」といった。

これをB子は、別の友達との大事な約束のため、あなたと食べないよ、と受け取った。それでB子は、今日の昼食を一人でわびしく食べねばならなかった。いつもの仲間から見放されてしまったように受けとめた。さらに深刻に、「私には友達はいない、私は大事な人間ではない、私はいなくても良い人間なんだ」と悪く解釈し落ち込んでしまった。

暗い気持ちのまま、昼休みを過ごし、そのまま五校時が始まった。「私はこの世に必要ない人間なんだ」と思い込む。一方で、筆箱に入っているカッターナイフの光が眼についた。どうせ必要ない人間ならば、このナイフで自殺をしてもかまわないではないか、と思いが進み、カッターナイフを取り出し、刃を送りだした。左手に当てようとした。

その時に隣のA子が、私の気持ちを察したように、ナイフを持った右手を押さえて、B

子の行動を止めようとした。Ｂ子は小さな声で、「放して、私は必要のない人間なのよ」といった。「ダメよ、いけないわ」とＡ子がいう。それをやりとりしているうちに、授業の先生に見つけられて、この指導室に連れてこられたという。「どうもすみません」と謝罪したとのことであった。

## ■気まぐれ天気の晴れ模様

未遂とはいえ、授業中での自傷行為である。社会の授業担当の機転で、全体像はわかったけれど、この生徒をどうすればいいか、どう扱うか、という問題があった。このまま一人で家へ帰して良いものか、生徒指導としてどう扱うか、親に連絡して引き取ってもらうか。影響を考えると、いろいろな対応が考えられるが、実際には、そんな心配はいらなかった。その後どうなったかとＢ子のことが心配で残っていた、いつもの仲良しが顔を見せると、本人はパッと明るくなったのである。学校内では、結局厳重注意と報告だけにすませた。親にも報告だけにとどめた。

## 総　括

まさか実際に、授業中に自傷行為が行われようとは、校長として思っても見なかった。同時に、実際に実行されたら、新たに学校の責任が問われるところである。経過で見る通りに、自傷行為は日常行為の隣にある。教員の目配り、一声がその時を分けることを自覚しよう。

# 11　推薦合格をはずす

## ■校内の盗難事件多発す

私の勤務校では盗難事件は目立つほどではなかったが、ある年の秋口に多発した。生徒に注意を呼びかけているうちに、一〇件を超えて、二〇件近くに迫った。

そのたびごとに、担任が保護者に連絡して、事情を説明し、監督不行き届けを謝罪した。主なものは現金であるが、中には保険証もあり、これには親も気持ちをすえかねて警察に被害届を出した。それでも、担任や生徒指導担当のおかげで、やがて窃盗行為を行った生徒の特定もできた。

何とこの事件は一人の生徒によるものであった。その生徒は、真面目に見えたおとなしい女子生徒で、成績上位の三年生であった。時は年末に近く、本人の大学の推薦合格も決まっていた。今回の行為の原因には、両親の不和と緊張関係もあったらしい。

## ■推薦合格外しと指導について

生徒指導の立場からは、期限なしの学校謹慎となり、毎日登校させて今回の反省指導と課題学習を行わせた。十二月中旬から翌年にかけての指導である。三年生の年末であるから、他の生徒にとっては受験指導の時期であるが、本人は成績優秀であり、成績的にも行動的にも学校推薦という形で推薦合格していた。

今回の件では、行動的にとても学校推薦はできない、学校推薦を取り消すほかはないと判断した。本人を合格させた大学に、学校推薦を取り消すと伝えると、改めて不合格通知が来た。また、今回の行為で両親を呼んで説明したところ、父親とは別居という状況も話に出たらしいが、それは学校とは関係ないので様子見とした。

窃盗行為の方は、本人と母親の二人で、被害者の家を訪問して返金し、お詫びをしてまわるとのことであるので、それはそれできちんとした結着になると学校は考えた。

そして教科の課題指導は、あらためて本人にとって大学の受験勉強となった。結果的にいえば、推薦をとった近くの志望の大学には行けなかったけれども、ちょっと遠くの同じレベルの大学に実力で合格した。今回の事件があったので、みんなが行く近くの大学よりも、あまり行かない遠くの大学の方が結果的に良かったのではないかと考えた。

反省指導では、校長の方からも話して下さいという要請があった。本人が幼児教育専攻希望なので、今回の行為にからんで、やたらに他人のものをほしがらない、いまある自分のもので満足すること、それが生きる上で大切なことであるということを、自分の体験に即して話した。本人は真面目で頭の良い生徒であるので、今回の件を乗り越えてたくましく生きていくことだろうと思った。

## ■事件経過をめぐって考える

今回の盗難多発事件をめぐっては、驚いた結果となった。現金盗難事件は、起きてはならないことであるが、学校ではよく起きる。普通は解決が難しい。特に現金抜き取りは、見ていなければ誰とは断定しがたいし、いえることではない。

今回の事件では、当初学校では、それぞれ別の事件か複数グループの仕業であると考えていた。それゆえに予防策として全体生徒への呼びかけ注意と喚起に終始した。結果として女子生徒一人によるものとは意外であった。男子生徒一人だったら、続けて集中的に十余件の行為を重ねられないと思う。やはりこれは性差間の違いではないかと考える。男子の現実的な適応に比べ、女子の思い込みの深さと極端まで走る行動性が一つの典型となり出現した例である。

今回は、真面目と不真面目ではなく、男性と女性の違いを考えさせられた。

## 総括

学校は校内の盗難事件には、いつも苦慮している。さらに、生徒の不利益にどこまで対処すべきか悩むところである。客観的にいえば、合格した生徒をあえて不合格に導くのは、学校のすべき方法とはいえない。

# 12　飴玉覚醒剤事件

## ■事件情報は警察から発信が確実

麻薬・覚醒剤・ドラッグ等の青少年に関わる事件は、成人犯罪が絶えないために、常に周辺汚染という形で出てくる。

たまに高校生の事件が、新聞等を賑わすこともあるが、未成年のために高校名や実名を発表することはない。もちろん親には連絡があるだろうが、学校に連絡されることはない。一方では、生徒・教職員の間では、うわさとして流れてくることもある。

例えば、A高校の定時制では、生徒同士あるいは生徒を通して、大麻やドラッグが売買されている、というような話である。もちろん浮説であり、確かめたものもいないし、そのために逮捕されたというような話は聞かない。

この分野では、確かな情報は警察を通しての話しかない。校長会、特に地区校長会では、ときおり地元の警察署の署長をお呼びして、お話を聞くことがある。これもその時に出た、Y市北署の話である。

## ■飴玉覚醒剤の事件

Y市にあるJRのある駅前で、高校生が声をかけられた。彫りの深いイラン人らしき外国人が、たどたどしい日本語で、「おもしろい夢を見させてくれる飴だよ。楽しいよ。気分がよくなる飴だよ」と愛想よく近づいてきた。

その飴玉は一つ五百円というので、特に高いわけではないし、興味本位もあり、一人の高校生が購入して、学校へ向かった。仲間と一緒に、「何だろうな、まさか毒の飴じゃないよな」といいあう。とりあえずポケットに入れ、学校に急ぎ、そのまま授業を受ける。

昼休み、仲間を集めて、その生徒は飴玉を取り出す。仲間の前で、飴玉を見せびらかしながら口に入れる。仲間が見守っていると、その生徒はなめてしゃぶったかと思うと、突然に、胃の中のものを吐き出して、その場に倒れ、苦しがり始めた。

仲間はビックリして養護教諭を呼ぶ。養護教諭は、その生徒の様子を見、周りの生徒たちから話を聞いて、救急車の要請をした。その生徒は、救急車で病院に運ばれ、胃洗浄の手当てをされ、診断の結果、安静療養のため、入院の措置がなされた。

内容が覚醒剤に関わるらしいというので、そのまま警察からの取り調べも受ける。該当のJRの駅には、それらしき外国人はいなかったらしい。そしてこの話は、地区の校長から同時に、生徒指導の校長会にも紹介された。

## ■所変われば情報の質も変化する

余談だが、湘南のある市において、市長を囲んで、青少年協議会が開かれた。青少年の健全育成の会議である。湘南のこの市は、日常的には事件の少ない落ち着いた街である。気候温暖で住みやすく人気も高い都市である。そして私は、前述の会に高校の部で出席していた。他の委員は民生、福祉、ボランティア、小中学校を含めて市内関係者であるのに対し私は外部者であった。それゆえ、会議の内容は、概して近隣のことに終始した。

会議で私は事例として先の飴玉事件を説明した。すると、警察の課長から「そのような話はよく聞くことがあるが信じられない。覚醒剤をそんな形でさばいても意味がないから」と発言があった。聞いていて私はあきれた。〈おいおい、これは警察情報だよ。単なるうわさ話とは違うよ〉といいたかった。平和でのんきな市にいると、情報の質や価値の区別もつかなくなるのかな、と思った。ここでは県における南北格差をも感じる。私はそれ以上の話は無理と思い、発言を控えて黙り、聞き手にまわった。

## 総　括

高校生も覚醒剤事件に巻き込まれることもある。まるで映画や小説の場面のようであるが、実際の事件であるところがこわいところである。一方で、ドラッグ等の情報やうわさ話が生徒のすぐそばに簡単に流れてくる環境の中で、近づかない、触れないとの指導の厳格さが必要である。

# 13　印のない卒業証書

## ■もう一つの卒業式

卒業式を終えてほっと一息を入れていた。この学校に着任して一年目なので、ここでは初めての卒業式であった。特にハプニングもなく、厳粛な形で終えることができた。来賓や保護者の方も満足されたことであろう。校長としても、無事に一つの儀式を終えて、ヤレヤレというところである。

そこに、学年主任が来て、私をせかした。「応接室にお願いします」と。そこで思い出した。もう一つの卒業式があったのである。本人不在で、両親が卒業証書を受け取る卒業式が……。しかもその卒業証書は、校長印はなく、卒業生番号は書かれていない。

受け取るべきA君は、一昨年の秋、オートバイの自損事故で亡くなっていた。A君は夫妻の一人息子であり、この学校で生きたあかしにと、卒業アルバムを購入し、印がなくても良いからと卒業証書授与を希望した。成績や生活態度には問題ない生徒であり、本来ならば、卒業式に出席できる生徒なので、担任と前校長は、印のない証書を出すことを夫妻に約束した、という。それでまねごとながら、校長が卒業証書を読み上げ、父親に授与した。夫妻は、「今日は良い卒業式でしたね」と感想を述べた。

## ■A君の事故

A君はオートバイの免許を取ると、すぐに２５０ccのオートバイを購入した。しかし、このために夢中になるとか、生活が乱れるということはなくて、気のあった仲間と休みの日にツーリングするという程度であった。

それでも仲間と遠出するのは楽しく、秋の行楽日和の土曜日に、夜を徹して走ることになった。特に事故や問題もなく朝方に戻って、家に向かう。家が近くなり、あと一キロという所で、歩道に乗り上げ、並木に正面衝突し、跳ねとばされて、地面にたたきつけられ、全身打撲で即死に近い状態だったらしい。事故のはっきりした原因は不明とのことであるが、私は前任校で似た例を見てきた。おそらく、夜中に走った疲れ、家に近くなり気が緩んだことによる居眠り運転であろうが、あとから原因を知っても仕方がない。

それよりも、生徒が事故死になったこと、夫妻の一人息子であることが痛ましい。せっかく高校まで育てたのに、諦めきれないだろう。どんなお悔やみをいっても、慰めにはならないだろう。しかし、在籍の学校としては、きちんと報告書を作成して、県教委に届けねばならない。そのためには、警察署に行き、夫妻にも細かいことを尋ねなければならなかった。

## ■事故後の夫妻の執心

夫妻は、事故当時はなかなか現実を受け入れがたく、なんでA君が交通事故を起こして、死なねばならなかったかをしきりに考えていた。しかしその後、担任等が報告書作成のために、いろいろ伺っている間にA君の死をいやでも受け入れざるを得なくなった。

そのうちに、一ケ月ほどしたら、今度は夫妻でしきりに学校を訪れるようになった。担任に、形ばかりでよいから卒業証書はもらえないだろうか、卒業アルバムの購入は可能だろうか、というのである。

アルバムの方は担任がその気で、一部を増せば良いことである。しかし、証書の方は、担任の一存では答えられない。校長と相談した。校長も事故は理解しており、同情心を持った。証書は、校長印があれば公文書になる。しかし、校長印がない私文書という形なら、出すことは可能である。ただし、私文書とはいえ、校長名が記載され用紙も本物だから、今回は特例にしよう、ということにした。

**総括**

交通事故で子どもを亡くしてしまう。親にとってはどんなにもつらいことかと思われる。それを少しでも助けたいという気持が今回のこととなった。高校卒業が一八歳までのあかしとなり、これからの夫妻の支えになれば、という学校の思いである。

# 14　血をかぶった生徒たち

## ■深夜の苦情電話

深夜一二時に近い電話だった。生徒の母親からである。

「教頭先生の方から、ぜひ警察の方に抗議を申し入れていただきたい」と一方的にまくし立てているのは、ＰＴＡで成人委員をしている方だった。

しかし、いっている内容は全く理解不能であった。生徒が帰るときに、首が飛んできて、血をかぶったので、交番に届けたら、そのまま何時間も待たされたまま、夜中まで放っておかれたのだ、という。

私が「首？　人形の首か犬かなんかの首ですか？」「いいえ、人間の首ですよ」「⁉……。お話がよくわかりません。お化け屋敷の話か何かでしょうか？」

その保護者の方は、会議でもいつも前向きに積極的に話される方である。

その時に電話で話された内容は、私にはとんでもなく突飛な内容であり、話題そのものが現実離れがしていて、理解も納得もできないもので、何か要領を得ないままに受話器を置いたのを覚えている。しかし、驚くことに、いわれたこと一つ一つが事実だった。

## ■事件とその背景

私の勤務校は丘の上にあり、一〇分ほど下ると、新幹線の駅となる。在来線の駅を東口と呼び、新幹線側の駅を西口もしくは裏駅と呼ぶ。男子バスケット部の生徒四人が、練習を終えて八時近くに西口にさしかかる。線路脇の暗い道路から駅前にかかるところで、突然上から人間の首が降ってきたのである。まさしく真っ赤に血まみれになり、髪を振り乱して、四人の目の前に転がった。同時にザブンというような音がして血を浴びてしまった。

全員が何事が起きたのかと腰を抜かさんばかりに驚いた。そして、大変だ！　警察に知らせなくては、と駅前の交番に駆け込む。当直の交番の警官に、今見たことを話すも要領を得ない。警官にとっても生首が転がるような事件は初めてであろう。そのうちに新幹線の駅の方でも、この事件の発生により捜査の開始となった。乗客がホームから線路に降りて新幹線に轢かれてしまい、轢死体となって検視にかかっている、とのことである。

切断された頭部が見あたらない、という。その頭部が周辺に見あたらず、前後の数百メートルを捜索したという。結果的に頭部は、その線路から舞い上がってホームを超えて、外周の道路、生徒の目前に落ちてきたことになる。少なくとも、その新幹線の駅が始まって以来、初めての事故になった。この新幹線の事故と、生徒が届けた交番への生首事件とは結びつかずに、警察の捜査は別々に行われていた。しかし、生首は事実であるので、警察は出動して捜査を始めた。

その間に届け出た生徒たちはどうなったか。深夜の時間にも関わらず、帰ることもままならず、交番に留め置かれたのである。血をかぶった制服のままである。事件に関係のないのははっきりしているので、警官の方で気を回してくれれば良かったのだが、まれに見る大事件のために足止めされたのであろう。母親が苦情を伝えてきた理由もここにある。

## ■学校と事件

今回は、新幹線で自殺を図った女性の事件である。駅の通学路では、あそこが女性の首の舞い落ちた場所だよ、といわれ、しばらく痕が残っていた。

今回の件で、校長と善後策を講じた。バスケ部の男子生徒にはその後のケアは必要はなかった。警察に対しては、深夜血をかぶった制服のままで生徒が放っておかれた状態について、苦情を述べることになった。このことは校長に対処を願った。

## 総　括

信じられない突然の事件に巻き込まれたのが、今回の高校生である。心のケアが必要のない男子生徒であったのは救われた思いである。それにしても、生首が飛んできて、血をかぶるというのは、歌舞伎や現代劇にしてもないような現実離れした設定である。それが事実としてあったというのは今でも信じられない。

# 15　統合失調症生徒の卒業

## ■健忘症で人の良いA君

わたしの勤務校での話である。生徒のほとんどが四年制大学への進学希望で、中学生からも進学希望の高い学校である。

その学校にA君が入学してきた。体格が良いスポーツマンで、明るく人柄も良い生徒である。ラグビー部に所属し一年生の中でも有望な選手の一人であり、学力も備わり勉学の意欲も高い。しかし、同時に忘れ物が多いのが目立った。性格は明朗活発であり、細かいところにこだわらない陽気な仲間として愛されていた。しかし、一年の後半から欠席が続くようになって、部活動も退部となった。はっきりした原因はわからず、体の調子が悪く、病院に通い始めていた。

医者からは正式な病名を告げられなかったらしい。それでも本人は処方された薬品の名から察したのではないか。インターネット等によって自分の病名を知る。「精神分裂症」と。現在この病名は廃されて、二〇〇二年より「統合失調症」という名で呼ばれる。

## ■欠席の目立つ生徒に

一年から二年への進級会議では、それほど目立つ生徒ではなく、やや欠席が多いかなという程度であり、成績が低空飛行の仲間とは違っていた。それゆえに担任も気がつかなかったし、特別に注意を払わなかった。保健室にはたびたび顔を出すので、養護教諭は相談を受けていたが、どちらかといえば一般の悩み相談を出るものではなかった。

ところが、その二年生の間に、病気の方が大いに進行した。性行真面目なA君の欠席が急増したのである。今まではポツリポツリであったものが、ドドドッという感じなのである。休むといっても寝ているわけではなくて、部屋に籠もっている、という。学校に来ることができない状態だが、痛いとか熱があるとかではなくて、部屋から出られない、家から出られない、という。部屋では、コンピュータを操作して、いろいろ調べたり気を紛らわせているらしい。

それでも、三年へは、普段の行いもあり何とか進級がかなった。養護教諭から、A君の病気の進行について、深刻な相談を受けたのは、三年生が受験本番を迎える夏の終わり頃である。養護教諭は、「病気が進行して、これからの出席改善は望めない、このまま進むと来年はもっとひどくなる。障害者手帳の交付を受けて、治療に専念するために病院に通院する状態になる。原級留置になっても、通学できるような状態にならない」という。現在の状態では、出席は半分に満ちていない。しかし、病気の進行により、出席改善の見込みは立たない。どうすればよいのか。結論は校長に任された。

## ■卒業判定会議にて

判定会議では、A君を除いて全員の卒業が決まった。A君については、担任の方から出席状況、授業態度等、本人のおおよそを説明する。特に病気ということで、養護教諭から病気のあらまし、現在の状態、三年間の変化、これからの見通しなどを説明させる。その上で校長として、担任と養護教諭の説明は個人情報、本人の将来の見通しを含めたものなので、この場限りと箝口令を敷く。

A君本人は学校に来たがっているのに来られない、しかも、来年もう一度という機会がない。そこで、校長の裁量と責任において、卒業を認めると宣言した。もちろん、その結論に反対も疑義もでない。この場合は、校長に従うというより、先生たちも、A君に対してもっともな判断と思ったことであろう。その後、治療に励んでいると信じている。

## 総括

病気の発症は、本人の行動や性格によるものではないが、突然の病気発症は本人の苦しみとなる。学校が、そして校長がなしえることは、ほんのわずかなことしかない。それが本人の現在と未来に少しでも役に立てばよいという実例である。「A君と縁を持った学校は、いつでもA君を応援している」と伝えたかった。

# 第2章 教職員の問題への対応

# 1　体罰・暴力指導

## ■体罰の起こる土壌

教育の中では体罰は認められない。法で禁止している。生徒に手をかけてはいけません、と訓辞する。次にスローガンをうつ。あとは、思い出させ、私は見ているとほのめかす。それが校長としての一般的な指導であろう。ところが、現場を実際に見ると、いうことを聞かない生徒がいる、反抗的な生徒がいる、反対する生徒がいる、群れとなって反発・抵抗する生徒がいる。それに対して、教師が大声をあげて、叱咤し、怒っても、何とも平気な顔をする生徒や挑発する生徒がいる。

現役教員時代を振り返れば、私自身も手を出したり、足を出したりということをくり返した。もちろん体罰禁止は自覚している。その時には、意識して行うのである。その場面では生徒と正面から向かい真摯に対応している。

それを一方的に、「アメとムチ」のムチを取り上げられたら、勢い込むその姿勢がくだけてしまう。そうすると、穏便にすませようとまあいいか、と消極的にもなる。現場の最前線で奮励・奮闘している教師からムチを取り上げたら無力感に襲われる、というのは実感としてわかる。教師に必死さがなければ、暴力的な指導というのはそもそも出てこない。だからといって、正当化はできない。禁止は禁止である。

## ■体罰の対策と処方

体罰指導が問題になる時は、指導の方法の効果ではなくて、出てきた結果が悪い場合である。具体的には生徒がケガをした時であり、その時は全て教員の責めに帰す。言い訳はきかない。だから、話が校長にまで上がる時には、体罰の傷害等の後始末である。その事態をともかく校長は受け入れなくてはならない。腹をくくることが大事である。まずは、事故・事件を正確に把握し、時間を軸とした経過報告書を作成することが大切。

あとは三つ。時間をおかないこと、保護者にはトップが謝罪すること、教育委員会にきちんと出向いて報告すること、である。

体罰・暴力指導であるならば、教員が加害者、生徒が被害者であるのははっきりしている。そして、まず頭を下げるべきなのは監督者としての校長である。担当教員よりも言葉を尽くして、丁寧に頭を下げねばならない。学年主任や生徒指導担当に任せてはならない。そこにトップが行くことにより、後の問題がクリアすることもある。様子見が必要な場合には、副校長や教頭が代理ということもあるが、担当のみで対応させないこと。また、教育委員会の報告にも、必ず校長が出向いて報告をして助言をうけること。体罰による傷害では、被害者の方から教育委員会に何らかの苦情は届いていることが多い。それゆえ、事件概要と報告書がまとめられたら速やかに届けるべきである。

■体罰事故のポイント

体罰は教員の一方的暴力である。その指導のあり方に対しては、立場によりこだわりや場面はあるけれども、外部の第三者から見れば、文面通りにしか見えない。例えば、生徒間のいじめであるならば、逆転劇はありえる。

しかし、体罰には逆転はない。もし起きたら、それは対生徒暴力と名前が変わる。どちらかといえば、教育熱心、部活熱心、生徒大好き教師が起こしがちである。校長としてみると、生徒に押しがきく前向きで熱心な教師に映る先生であることが多いように思える。何とも皮肉であるが、事故が起きたら明快にすること。「内には厳しく外には丁寧」に対応するのが大事である。

総括

教師の体罰は法律で禁止されている。それにも関わらず学校のどこかで体罰が起きている。この事件については、校長は外部にきちんと説明して謝罪を加え、内には毅然とすることである。

# 2　指導力不足教員

## ■保護者からの苦情

私の勤務校は地域のトップ校で、生徒のほとんどが四年制大学への進学者である。保護者からの電話が、ある先生への苦情となって集中する。

S先生は理科の化学教師で独身、経験二〇年の教師である。授業がわからない。テストの点が取れない。教わりたくない。これで大学が受けられるのか心配、等。勤務状況は、朝の年休がやや目立つかという程度。人の先には立たないが、何とか仕事はこなしている。ただ、テスト監督や芸術鑑賞会では、イビキをかいて生徒のひんしゅくをかっている。

調べてみると色々なことがわかってくる。S先生は、普段職員室にも理科室にもいない。理科棟は旧校舎であり、そこに天秤室という倉庫がある。南向きで、人一人入るスペースで、両側がガラス戸棚の倉庫である。その部屋に夏は扇風機、冬はストーブを持ち込んで、一人こもっていた。授業以外は、一人でここに閉じこもっているのである。

## ■指導力不足教員第一号

校長と教頭の私は、同時にこの学校に赴任した。校長は、教育委員会の教職員課出身なので、このS先生の件を早速教委に持ち込んで相談する。

指導力不足教員の問題は、当時話題にはいろいろ出ていたが、まだ内容についてや扱い、その他については、はっきりと定められてはいなかった。しかし、S先生の案件が出てきたので、様式が定められ、具体的に教育センター研修となる。

細かくいえば、次年度からS先生の持つ授業は、全て非常勤講師をあてる。そして、S先生は週三日は教育センターで研修。研修は退職の校長等があたる。そこで、専門の理科研修と授業全般の教育研修が行われる。あとの二日は、学校に出勤して、他の理科の先生とTTの授業を行う。TTといっても、実質的には見学と補助である。授業以外の、分掌や部活指導は今まで通りである。

指導力不足とはいっても、今まで二〇年教えているわけだから、本人の知識や体験が不足しているわけではない。授業内容が独善的であり、生徒にわからせるという努力があまりなされていない。授業の程度が高いのでわかる生徒にはわかるというものであった。

一部の生徒はその内容をおもしろがりはするのだが、一般の生徒に対してはわからない、おもしろくない、つまらない授業となっている。それゆえに教育センターで、じっくりと研修し、生徒にわかりやすい授業内容を学んでくるのはS先生にとっては良い機会になると考えていた。

一方で、一人の教員のために、非常勤講師の枠を用意して、専門で有能な先生方がチームを組んで集中的に、かつ一年二年という長期にわたり、手間暇かけて取り組んでくださるのは実にありがたいことだと感じ入った。

## ■報告という難題

この時期、教頭の私は非常に忙しかった。校長会長である校長は、ほとんど学校にはいない。学校内での指示や判断はほとんど私が下した。そして、この指導力不足教員の報告様式の中に、該当教員の勤務日録がある。

つまり、S先生の勤務状況と行動記録である。教頭という忙しい職務状況の中で、いちいちS先生の行動を見守っている暇はない、とはいうものの、他の先生に任せるわけにはいかない。出勤簿や出張記録をひっくり返したり、職員会議録の欠席者を確認したりなど、その都度に大変な思いをする。二ヶ月ごとの提出である。

校長が県教委に直接赴くので、教頭は書類を用意するだけだが、それが大変であった。

## ■研究授業

結局、S先生の教育センターでの研修は二年続いたが、その成果はといえば、芳しいものではなかった。最初の三ケ月あるいは半年ほどは、熱心に積極性をもって取り組んではいたが、やがて遅刻や朝年休、レポート未提出が続き、催促されても出さないという状況になった。

本人の意見としては、良い研修の機会を与えてくれて、生徒に授業として還元することができる。例年ならば授業に追われて準備不足になるところであるが十分な準備ができた。良い勉強になった。早く授業に戻してほしい、というような殊勝さを持ってはいたのだが。

そして、最後の研修成果として研究授業が行われることになった。場所は学校の空き教室で、受講する生徒役は研修センターでの研修指導主事と指導に当たった退職校長の先生方であった。校長と私も立ちあった。この授業内容についても、あまり指導者の意見を聞き入れなかったらしい。結果としての授業も特に見るべき進歩はなかった。研修以前のままの授業である。指導の先生方はこうなることがわかっていたようである。

## ■報告書とS先生の態度

教育センターでの研修と内容が、少しずつ知れるにつれて、S先生と何回か面接を繰り返した。そして、私はその研修内容の悲観的結果を少しずつ披露して、その結果の重大性を伝えようと努めた。

ところが、S先生の方は「大丈夫、大丈夫」と安心の上にアグラをかいている。最悪の場合は職を失うかもしれない、と力説をしても動じない。全てが悪い方に傾いているのに、この安心感は何なのかと不思議に感じた。例えていえば、裸の王様のようにも感じた。結局、自分の力量に高をくくっていたものと思える。

その一方で、校長と一緒に、県の報告作成に頭を悩ませた。校長意見として、研修の機会が与えられながら、努力を怠り改善が見られないのであるから、人事上の措置が執られたとしてもいたしかたない、と判断している、として一項目を付け加えた。ただ校長としては、本人のこれからの生活もあることだから、可能な限り職を取り上げるような処分を避けてほしいと願っている、とした。

そしてS先生に事態の深刻さを自覚させ、意見を述べさせた。「理科の教員として、どこでも良いから勤務したい。しかし、研修の結果を考えると、教員として勤務できる状態ではないことを自覚したので、実習助手への転任を希望します」ということだった。本人も仕方ないと思ったのであろう。次の年に、農業高校へ実習助手として赴任していった。このように処分が、降任という分限処分に留まったのは、まだ例が少なかったために、考慮の余地があったゆえと思われる。

## ■その後の消息

S先生の赴任先の農業高校では、実習助手は何人もいた。その中で、S先生の勤務状況は良くなかったらしい。

とにかく文句をいう。人に食ってかかる。働かない。「俺はこんなところで働く人間ではない」など、不平たらたらである。農業高校という、どちらかといえば、実習中心の体を動かすことの多い職場においては、一人動かず文句ばかりいっていたらしい。

管理職も扱いに困り手を焼いていたようだ。事情が事情だから、組合も校長に同情する。たまたま、「学校をやめる」と申し出た時には、校長と同席した組合役員は、本人の気が変わらないうちにと書類を作成し、お互いに頷きあった、と風のたよりに聞いた。

## 総括

教育用語として「指導力不足教員」は何とも嫌でなじみにくい用語である。しかもこの内容に、新人教員は普通当てはまらない。ベテラン教員に対する用語である。これに該当する場合には、きちんと取り組んで、手当てをしなければならない。同時にここでは、該当教員ばかりでなく、担当の管理職も研修報告の書類作成の労苦が半端なものではないことを銘記しておきたい。

# 3　実力派教師のいい加減さ

## ■共通テストの穴

私の勤務校の英語試験は共通問題で行う。たまたま野球の監督は英語の先生であり、部員のテストの出来を見ているうちに、奇妙なことがわかった。共通問題であるから問題も解答も同じになるはずであった。

ところがR先生の採点は甘く、評価が高くなっているのである。それも一枚だけなら勘違いということもあるけれど、次から次に見ていくと、総体として甘く、全体傾向として高めになっているのである。

それを教科主任から校長に報告する。「R先生の採点した答案を回収して、全てを検討せよ」と指示する。その検討の結果、R先生の採点は全て高めになるように採点されていることがわかった。併せて教育委員会に報告することとなった。

## ■R先生の評価

R先生の英語教師の評価は決して低いものではない。むしろ、勤務校の教員の中では高い方といえるだろう。以前には、ＡＬＴと連携した授業も行い、ＡＬＴの世話係も行ったことがある。実生活においても、夫は日本人であるけれども、夫の仕事の関係もあり、シンガポールに別荘を持つほどである。公開授業や研究授業も積極的であり、生徒にもわかりやすい授業として定評がある。

その反面、他の先生方と足並みをそろえて等の協調性としては、やや欠けるところがある。要するに、実力はそれなりにあり、授業も人に見せてもおかしくないほどだが、他の先生と歩調を合わせることが苦手なのである。それゆえ、今回の事件のように、共通問題の共通試験では穴をあけがちなのである。単純に勘違いや採点ミスならば、生徒の点数が高めになったり、低めになったりする様々な状況が考えられる。ところが、今回他の先生が採点してみた結果を見ると、低めに採点した事例は一つもないのである。全てが高めに切り上げられているという状況なのである。

この結果を見れば、先生が生徒に好かれる理由というのもわかる気がする。生徒をそれぞれ甘めに見て、あるいは自分の都合の良い状況に引き込んで点数を上げるのである。生徒はよほど反抗的でないかぎり、喜ぶはずである。そのことが全体の流れの中でうまくいっている場合には、さほど問題にはならないだろうし、個人プレーではないかと他の先生が見なければ、それでよしとすることもできる。しかし、今回のように、採点基準が決まっているときに、独自の方法を採用するのはまずい上に、共通テストを乱すものであり、全体の調和を乱すものとなる。

## ■R先生の定年退職

今回の事件は教育委員会に報告してあるので、何らかの対応、校長を含め教員への指導、もしくは処罰が下されるはずである。

今回のテストは二学期末のものであり、R先生は三月で定年を迎える。今回の最終報告は一月となった。三学期は、いろいろな行事や入学試験等であわただしい。その忙しい中で、三月一日の卒業式を迎えた。教頭との話で、「報告してから何もないねえ、このまま定年を迎えられるのかな。叱られる方から教職員課に声をかけるわけにいかないねえ」というあった。

そんな中、春休みに入る前、つまりR先生の退職の一週間前に呼び出しを受けた。校長とR先生に厳重注意である。その後すぐ、R先生はシンガポールの別荘に移り、定年退職の辞令は、教育長から直接受け取ることはなかった。

### 総　括

ベテランの退職間際の教師が、見せたいい加減さ。生涯を教師の本分で貫き通すということの潔さ及び教師という職分の重さに対して、晩節を汚すということの重大さを考えさせられた。

# 4　生徒を引き抜く監督

## ■名監督T先生

私の転任が決まった時、バスケット部の顧問が、「あの学校のT先生は、有名な監督です。関東大会やインターハイにも何度か出場させています」と教えてくれた。そんな先生がいる高校なのかと思ったが、実際に四月に赴任したら、ちょうど私と入れ替わりで異動していた。それよりも、その先生が残した負の遺産が多いことがわかった。新しいバスケット部の監督は、若さにあふれた実直な先生である。

前の監督は実力はあるようだが、現実の評価は分かれていた。県内の高校では相手にならないと、毎週日曜にはバスを仕立てて県外で練習試合をする、夏季休暇には近県の強豪校と合同合宿をするなど、相当にお金をかける活動をしていた。そのために費用負担が続かなくてやめる生徒もいたと聞く。それで新任の監督は、部員から今のような練習や試合をやっていていいんですか、と質問されるらしい。監督は自らやってきた方法に、自分なりに自信を持っており、できるだけお金をかけずに、地道な部活動で盛り上げようとしていた。合宿も外へ出ずに校内合宿を予定していた。もともと優秀で実力のある先生なので、その年も関東大会に出場させるまでに成長させた。

## ■部員の転学届け

二学期も終わり近くになって、二年の担任から転学の相談を受けた。生徒の家が引っ越したわけでなく、県外の私学に移りたいというのである。しかも一人でなく二人もである。理由は私事都合により、とある。成績も悪くないし、毎日登校している男子生徒である。相手先の私学によると、申請の願いが出たところで検討します、とのことである。担任と学年主任を呼んで話を聞くと、その二人は関東大会に出場したバスケット部の部長と部員ということがわかった。

そして、前後の話をつなげてみると、こういうことだった。昨年までバスケットの監督のT先生が別の高校に移ったけれども、今年度で中途退職して、来年の四月から隣県の私立N高校に移るらしい。そのN高校では、今までのバスケットの監督が教頭になり、その空いたバスケットの監督にT先生が声をかけられたらしい。

T監督は四月に赴任してすぐに部活の成績をあげるために、去年一年次に指導して、今年関東大会に行ったメンバーを、自分の地ならしとしてあらかじめ三学期の初めという時期に転学させて、活動させようという考えのようである。

客観的に見ても何ともとんでもないやり方であり、自分の出世や成績のために生徒を勝手に使い、使い捨てるようなやり方で、なんとも許せない。学校の立場でいえば生徒の将来や進路のことを本当に考えているのかといいたい思いである。

## ■私事都合のふくみ

この件に関して、主任と担任を交えて話し合う。監督が生徒を引き抜く、あるいは、監督が生徒の人生をねじ曲げる、そのようなことが許されるのか、という思いは教員ならばだれもがもつことである。しかし一方で、本人である生徒と親はそのことを承知のうえで決めたことでもある。たとえ、通学時間が今の三倍になろうと、公立の二倍以上の費用がかかろうとも、本人と親は納得している。学校の教員が義憤にかられて反対しても仕方がないし、説得力はない。しゃくにはさわるが、そのまま認めるしかない。口を出さないならいで、申し出書類を事務的に処理することにした。県外の私立高校なので、その後二人がどうなったか知る由はない。

## 総括

名コーチや名監督といわれる先生が、生徒の未来を考えずに、自分の名声のために生徒を使い捨てにするような行動を平然と行う。見ている限りでは、王様や皇帝の振るまいである。とても将来のある若者を育てているようには見えない。あまり考えたくないが、現実にこういう教員がいるのである。

# 5　先生、逮捕される

## ■先生が警察に逮捕される

校長にとって最も衝撃的なものは、教師が警察に逮捕されることであろう。しかもセンセーショナルなものは、未成年女子に対する淫行容疑である。この場合は、マスコミの話題となり、下手をすると「あの学校の先生はね」というように、一個人のことがまるで学校の責任でもあるかのように転嫁されてしまう。そして学校には事件内容が知らされないまま、当人は懲戒免職になってゆく。その時に、校長は、どのように対処すべきか。

逮捕に際しては、まず教育委員会に事前に一報が入る。そして学校に警察が来て、事務室で該当の教員を呼び出し、同道して校門の外で手錠をかける。淡々として行われるから、生徒の目に触れないが、生徒が目撃したりするとショックを受ける。

## ■まずは生徒集会を開き説明する

先生が何で逮捕されるかということは、あらかじめ知らされないし、理由も説明されない。警察は校長に説明しないし、教育委員会が逮捕要件を簡単にいうかもしれないが、それも十分ではない。このことについては、新聞等のマスコミしか伝手《つて》はない。警察に直接尋ねても、捜査中としかいわない。校長といっても効力はない。

しかし、学校としては、生徒が真偽を校長や教師たちに尋ねてくるであろうし、説明責任を問われるであろう。校長が説明するとしたら、目の前の新聞記事とその先生の今までの教育の姿勢と具体的な授業や仕事の姿である。

集会では、「まず本校の先生が警察に逮捕されました。君たちも今日の新聞で読んだと思うが、このような容疑で逮捕されました。校長の私としても突然のことで驚いている。特に私がこれを否定する根拠を持っていないけれども、今でも信じられない気持ちです。これは何かの間違いではないか、と思っています。先生は、教育熱心で授業も丁寧でわかりやすく、部活も一生懸命取り組んでいました。PTA活動も積極的に運営していました。君たちも突然のこの事件のことで驚き、先生の身を案じていると思うが、あの先生の昨日までの姿と教えを思い出しながら、先生を信じてみよう。私は先生の潔白を信じたい。私も君たちもできることはそれしかないのだから。難しいかもしれないが、普段通りの日常生活に戻ってほしい。また、この事件について、何か新しいことがわかったならば、集会等を開いて連絡します。また、君たちのお父さんお母さんがこの事件や先生のことを尋ねたら、校長がこういっていたと伝えてほしい」などを話す。実際の経過としては、新しいことがわかることはまずないだろう。

## ■校長は終始不祝儀顔で

このような事件があったときに、校長が事件の関係でテレビのワイドショーに出演した。その時に、たまたま校長が笑い顔をみせた。それは肝心な説明のところではなくて、愛想笑いのつもりだったのだろう。普段から笑い顔の多い校長である。ところが苦情がたくさん舞い込んだ。あの学校の校長は部下の教員が逮捕されたのに、笑い顔を見せた、喜んでいるみたいだ、というのである。校長は、ある意味では学校という御輿《みこし》、即ち見せ物台に乗せられた看板である。祝儀の時には、大いに笑うべし、笑顔を見せて良い。しかし、不祝儀の時には、悲痛の顔をして、涙を見せるかどうかは別としても、不祝儀顔に徹しなければならない。校長として心すべきである。

### 総　括

学校として、校長として信じたくなく、あってほしくない事件である。それでもこの種の事件が起きたときには、校長は生徒や保護者の前で説明する説明責任を持っていることを心に銘ずるべきである。私はこの事件が起きた時、県教委で警察の通告を受けた。「今日A高校のB先生を○○容疑で十時に逮捕します」とのことであった。この日は学校のある土曜日で、会社や官庁は休みで、私は休日出勤であった。早速課長に連絡すると、幹部が登庁し対策会議が開かれた。

# 6　職員、カラスに襲われる

## ■頭から血を流す教員

ある春の朝、教員が頭から血を出しながら教頭に報告する。
「学校の近くで、カラスに襲われました」という。たしかに、その教員はおでこの額から耳の横にかけて、血が吹き出ているのをハンカチで押さえている。この教員は、本校で教務の中心であり、学年のまとめ役であり、大声を出すことややたらに動き回ることなどしない、いわば温和な職員である。その人が、車を駐車場において、学校に向かったところ、突然に上からカラスが襲ってきたという。

これからの時間は、生徒がたくさん登校する時間であるので、とにかくその近辺に先生方を張り付けて警戒をした。

その後はともかく何事もなかったので、落ち着いてからあらためてその先生から話を聞く。先生は駐車場に車を置いて学校に向かった。その時に、頭の上の電信柱の方で、カラスが高い声で鳴いたような気がした。時間が迫っていたので構わずに、学校に向かった。そうしたら、頭の上からカラスが鳴きながら、クチバシで頭をつついてきたという。

生物に詳しい教員によれば、今はカラスが子どもを育てる時期で気が昂ぶり攻撃的になっているのではないか。最初の一声が警戒を促す声で、それにも関わらず縄張りに入って来たので、攻撃してきたのではないかという。通学時に児童や生徒にとって危険である。

## ■頭から血を流す教員

この学校は、私鉄の駅を通学路とし、まだ自然が豊かに残され、学校の周りは畑や山がそのままの形で残されている場所にある。というよりも、私鉄の開発が終わり、川や山などの自然がギリギリ残された場所である。町の中には、幼稚園・小学校・中学校・私立高校があり、沿線の駅を利用している。この学校は駅から一〇分、その間に幼稚園と小学校があり、その先に私立高校がある。

まずは、この学校と同じように通学している近くの学校の児童や生徒に同じような被害が起きないように、事件を文章化、注意書きして、各校にＦＡＸにして送る。

そこで先生方にお願いを書く。くれぐれもカラスをひやかしたり、石を投げたりすることのないように注意して下さい、との一文を入れる。特にこの時期は、カラスの子育ての時期ですのでご注意下さい、と併せて入れる。

私の通勤時の経験でも、町のゴミ箱をひっくりかえし、中の肉や魚を引きちぎる光景を何度も見ており、正直近くで遭遇すると怖いという実感がある。あのハシブトガラスのクチバシでつつかれたら、かなりの被害を受けるだろう。事典によれば、中央アジアでは、このカラスがキャンプ地を襲うこともあるという。ともかくも、学校としては注意喚起と予防に努めるのが大事であろう。

## ■効果と実態

学校周辺で考えられる施設や場所にはＦＡＸを送付する。その後はその学校ばかりではなく、周りの施設からも、報告も連絡も聞かない。その学校において、事件が起きて、その他に特にないのは、一応周知が徹底した、と考えておく。

その学校の学校評議委員をする団地の役員さんは、「例のＦＡＸを掲示板に貼りましたら、団地の方が興味深く読んでくれた」と教えてくれた。私の意識としては、まずは通学の児童生徒ということであったが、通勤客も頭に入れて私鉄の駅にも入れるべきだったかとも、思い当たった。緊急時には、とにかくその場面と対応が中心になり、その時その場面でどうするかが問題になるが、振り返ると、落とした側面が見えることもある。

## 総括

たまたまのカラス事件であったが、一度このような事件が起きたならば、次回以降の別の事件の時のモデルケースになる。その時のためにＦＡＸの書式を整え、関係機関のＦＡＸを一覧表にして貼り出すことにした。

# 7　先生、倒れる

## ■三年の先生が倒れる

後期の授業が始まったある日のことである。三年担当の英語の先生が、突然倒れて病院に運ばれたとの連絡が入った。その先生は実力もあり、リーダーシップもあるので、来年度は一年の学年主任にと考えていた。聞けば、もともと肝臓の持病を持ち、今回は二カ月ほどの入院となるらしい。

いよいよの受験を控えての大事な時期に、英語の先生が病気に倒れて入院するとは、緊急かつ深刻な事態である。

早速、英語科の会議を持ち、全員で校長室に集まり、今後を検討する。結論は一つとなる。この事態に至り、校長が教職員課に出向き、この先生の担当部分の授業数の分の非常勤の英語の先生を確保することである。その急ぐ気持ちはわかるので、すぐに県に出向く。その結果は学校の期待とは異なった。

## ■先生の補充と学校努力

県の教職員課の担当者は、私と前の職場で一緒であったので、相談も打ち解けた調子で話をした。しかしその答えは、「この場合、担当の先生の授業数の半分は非常勤の先生で補えますが、後の半分は学校努力で補って下さい」というものだった。「これは県の規則で、学校と教員の努力で半分を補って下さい。家庭・音楽・美術の一人教科の場合は、また別ですが、ともかく学校の内部努力でお願いします」ともいわれた。

こうはっきりといわれるのでは、どうしようもないと学校に戻る。そして校長室に英語科の教員を集めて相談する。

まず初めに、教員が病気で倒れたが、補充の非常勤は半分しか出ないことを強調する。この場合に反発と不満が出るのはわかっているが、これはどうしようもないことだと納得させる。これは努力目標とかではなくて、県の方針、大げさに県の規則や条例で決まっていることなんだ、とまくし立てて、話を次の段階に進ませる。

次に、三年のこの時期に、生徒の顔も知らない、実力もわからない非常勤の教師をあてて良いのか、という議論になる。三年生には、教えた我々で工夫して教えよう、という話になる。非常勤の先生は、一・二年担当となる。

また、今のこの時期に時間表の組み替えは小さく押さえなければならない。同じリーダーの科目を持つ先生が、授業が重なっているので二クラス同時で、視聴覚室で教えようと申し出る。この先生は、野球部の監督で、生徒指導の力もあるので、大変ではあるけれども、何とか可能かなと思い、校長としては助かったとも感じた。

そして、その先生がそこまでするならと、他の先生方も協力の姿勢が出てきた。やはり、学校努力や教員努力とはいっても、教員のみんなが同じ方向を向いて、それぞれの持ち分や犠牲を補うようでないと、うまく機能しない。

## ■学校努力は教員の結束力

病気で倒れた教員の補充を多少時間表を組み替えて、非常勤を加えながら、何とか授業をこなしてみると、この英語科内の雰囲気は、結果として非常に風通しの良いものとなったようだ。時間的には大変であったけれども、「お互い様」となったのであろう。また、互いの情報交換や問題意識の共有により、活性化したのである。

校長もその変化に、良い学校とはこういう雰囲気なのか、と感じたのである。そして、学校の危機的状況のときに、教員が共通して危機意識を持てるか、協力の意識疎通を持てるかが重要であると再認識した。文字通りピンチはチャンスであった。

**総　括**

先生が病気で倒れる、というのは学校では日常的に想定される危機である。その先生が学校の中心であり主任ならなおさらである。その時に、校長は組織をどう組み直して立て直すのか、リーダーシップが問われるのである。

# 8　フリーエージェント

## ■学校司書の異動

私の勤務校の司書は、毎年入れ替わりの採用となっていた。今回は、それまでの司書が休職となったというのである。まだ教員のＦＡ（フリーエージェント）が始まる前で、話題になっているときである。

たまたま近くの学校の司書が、私の勤務校の実情を知り、その学校の校長に申し出る。ＦＡで、私の勤務校の司書を希望したい、と。その校長は鷹揚な性格で、退職が近く、私もよく知る人であった。これが教員の場合には、慎重にかつ前例を調べて答えるところであるが、事務職であり、しかも学校司書であるので、気軽にやってみたら良いだろう、と進める。本人の履歴と希望書、校長の推薦書を併せて提出し、校長室で面接となった。私の方も、毎年入れ替わるよりも、ベテランの経験者の方が、この学校を希望する人の方が職員として望ましく思われた。

そして、相手の校長に「合格」を出す。内容として、事務長に報告する。あとは手続き的には、相手側が行い、支障もなく次年度に本校に異動してきた。

## ■教員のＦＡ

本県で教員のＦＡが始まる。これは、あくまで公募であるので、学校の特色を説明し、求める教員像や教科や部活動等の具体的な要望を掲げる。かといって、いろいろな条件を並べても、その学校が行きたいような所でなければ、全然希望者が出てこない場合もある。

私の勤務校の場合は、七・八割の生徒が大学進学する普通の進学校であり、男子の割合がやや多く、特色は運動系の部活動が盛んである。特に、サッカーやバスケットは、県の強豪校として知られている。

さて、今年のＦＡの募集の締め切りが近づいて、本校でどうするか話題になった時に、野球部顧問の体育の先生から相談を受けた。この先生は、生徒の相談に親身になり、生徒が問題を起こしたときにも、最後まで手を抜かずに丁寧な指導をおこなっていた。年齢は五十代半ばである。「実は医者にも通って相談したりしていますが、心の問題で、今年度限りで退職を考えています。それで、硬式野球部の監督のことですが、これをＦＡの条件にしていただけないでしょうか。教科は保健体育科、部活動は硬式野球部という形で。実はあてがあります。近くのＹ高校で体育の教師ですが、その学校では先任の硬式野球部の顧問がいて、現在別の部活動の顧問をしています。それで、本校の硬式野球部だったら異動してくるか、やってみないか、と持ちかけました。Ｚ高校ならやります、と答えました。ぜひＦＡの応募をお願いします」ということだった。

教頭とも相談し、会議にかけても異論はない。他には特に要求もないので、体育科・野球部顧問の条件だけで出す。実際に出したところで、たくさん候補者が出たらどうかとも心配したが、一本釣りのように、応募してきたのはＹ高校のその先生だけであった。

■ＦＡの効果

このＦＡの応募は、私の勤務校にとっては、結果的に良い先生の確保ということになった。単に野球部監督ということだけではなく、生徒指導にも力があり、教科や集会指導もきちんとこなす能力の高い教師であった。

一応は全県対象とするＦＡであるけれども、印象としては、学区内を限度とするのか、というような結果であった。交通至便、都会近辺、学力が学区トップでないと、あまり手が出にくいし、やる気もわきにくいのかとも思われる。

総　括

ＦＡというプロ野球の手法を、教育に持ち込むのは意味があるか疑わしい。この方法が有効であるかまだ疑問が残っており、目先のことだけにとらわれてはならない。誰もが希望する所に集中するのは当然だが、ＦＡとしてではなく、普通の教員としての異動の希望を充実してほしいものである。

# 第3章
# 校長力が問われる学校運営

# 1　先生をたらす（育てる）

## ■先生を育てる

管理職は生徒を育てるとともに、教員である先生も伸ばして育てねばならない。普段は校長から距離を置き、新しいことを始める時は抵抗し、陰では校長に反発する教員たちから、伸びる芽を育てるのも校長の役目である。しかし、全員を伸ばせるわけではないため、これはという教員の背を押して、教員自身の力によって、殻を打ち破らせる。その教員に校長が手取り足取り教えるのではなく、苦労を背負わせて一皮むかせ、一段上のステップに立たせるのである。

それには二つの方向がある。教科の方面において専門性を高める、つまりスペシャリストとして伸ばす、あるいは、ゼネラリストとして視野を広げ、指導力を持つようにするか、である。

学校という社会の中で、生徒と日常的に接触する中では、教員として伸びる刺激も、新しい情報なども入りにくい。だから、教員の意識改革を啓発するのは校長の努めなのである。一方で、教員は安定志向を目指し、保守的で頑固で持ち場を動こうとしないのが通弊である。そういう土壌の中で、伸びる素質のある教員を選ぶ。

## ■力量のある教員に絞る

教員は授業の専門家である。十年経つと誰でも一人前にはなる。ところが出発点は同じでも、十年後の力量は明らかに違ってくる。十年経っても教科研究に汲々としているのもいれば、余裕しゃくしゃくで、常に資料を他の教員に提供する者もいて様々である。私が人材としてほしいのは、授業をきちんとこなし、授業研究もして余裕のある先生である。

教員の仕事は授業だけではない。クラスを持ち部活もある。教務や生徒指導の業務もあり、行事もあり、委員会や職員会議もある。それゆえに、絶対的な時間はいくらあっても足りないし、慢性的に足りない。事実、主任や委員長の先生方は、会議の設定に苦慮している。その中でも余裕を持ち、職員会議では一通りの意見をいう先生がいる。そのような先生に目をつけたい。つまり、きちんと職務をこなしたうえでまわりへの目配りの余裕をもつ先生に注目する。主任や長ではなく、次かその次の者である。彼らは、職員会議では、教員の立場から管理職を見上げ、組合的な発想をして、教員労働者観から抜け出せない先生であることも多い。しかし、そういう先生に注目して育てていきたい。

## ■一歩引きあげる

今、校長の授業観察が日常的に行われており、先生方と話す機会が増えている。ぜひこの機会を利用して、これはという先生と話す機会を持ちたい。授業が下手でつまらない教師ではなくて、生徒の心の機微をつかみ、例話・資料・たとえが豊富で、授業の流れ、強調・記憶法等に特色がある先生である。こちらは基本的にはほめて攻める。

職員会議での意見を取り上げ、ねらいの良さを認めながらも、考え方の狭さともう一段上からの見方をするよう諭す。一段上の長や管理職の見方を示唆する。端的にいえば、大人の見方をせよ、と示すのである。そして、「あなたならできる」とおだてる。本人の五年後をイメージさせて、一担任ではなくて主任の立場、さらには管理職の立場の可能性も考えさせる。主任や管理職は、したいものがするのではなくて、仕事ができる者の義務・使命であり、宿命であることも理解させる。しかし、うまくいく場合は少ない。常に校長として心がけても年に二人程度で、三年から五年ぐらいで主任や管理職候補になるかどうかというところである。それでも努めねばならないと思う。自分もそう育ったのだから。

## 総括

基本的に、校長は先生を育てる視点を忘れないことが大切である。特に若手の教員はベテランよりものびしろが大きい。そこに新しく大きな可能性が埋もれている。まだ見えていない鉱脈を掘り出すのが責務である。

# 2　校長を育てる

## ■教頭を管理職にふさわしく育てる

校長は、校長を産み育てなければならない。校長の責務として次世代の管理職を育てる責任がある。その一番手近なものは、部下の教頭を管理職の校長としてふさわしく育てることである。

まず第一には、人前できちんとまとまった話ができることが必要である。そのためには事あるごとに、校長の代理をさせることである。さすがに入学式や卒業式の代理はさせられないが、ＰＴＡ総会、学年会、進路説明会、防災訓練等については、教頭に話をさせる機会を持たせるようにしたい。後で他の主任などにその様子を聞いて、さらに適切に話せるように、また内容や話の構成にも助言することが必要である。

## ■報告書作成と教員を評価させる

教頭は、学校への文書と書類の整理、及びその分類と各担当職員への内容の振り分けと指示や処置を決めるのを仕事とする。

もちろん、重要書類は校長の指示を受けるのであるが、慣例的なものや日常業務的なものは教頭が裁くことが多い。必ず期日を守るべき教職員課関係と、多少遅れても、あるいは連絡すれば融通の利く高校教育課や保健体育課、総務課などの違いを徹底する。

また、事故報告書等を初めとする報告書の作成をきちんと覚えさせ理解させる。なかには教頭自身が理解せずに、教員に書かせたままでそのまま上げてくる場合がある。事故報告書などは、基本的に時間順に書くことすら知らない場合もある。それゆえに、生徒指導事故等のたびごとに、実際に提出しない場合でも、作成させて慣れさせることが必要である。

また、四月当初に校長から教頭への課題として、職員の人物評価を宿題にさせる。教員一人ひとりの教科・分掌・学年・部活・その他（ＰＴＡ等）を評価させるのである。まず記号で◎○□△×を５４３２１とする。そしてその下に、具体的に言葉で説明させコメントさせる。これを夏休みまでの宿題とする。そうすれば、職員全体の見取り図と、教頭の職員評価、さらには教頭自身の力量も評価することができる。校長自身が、職員の異動希望の際に、教職員課に学校全体の教職員の評価を行わなければならないので、教頭の教員評価もその一つの材料とすることができる。

さらに、校長の教員評価との食い違いを知ることによって教員の別の一面を知ることができる。教頭にとっては、教員を評価することは、校長に評価されることだという自覚も生まれるはずである。

## ■教育委員会等への出入り

一昔前の教頭の仕事は、いろいろな学校や教育機関などの出張はほとんどなくて、毎日毎日、学校内で書類を整理し、職員に指示を出し、学校への電話連絡を受け、必要があれば苦情を処理するなど、文字どおり「学校の番人」の趣があった。書類の提出や事故報告など、教育委員会へは校長が行くことが多い。確かに教育委員会では、教頭は学校の代表と見なされない場合がある。

例えば、教職員課では校長以外は相手にせず、と表明するところもある。しかし、管理職候補として教頭を考えた場合には、教育委員会に慣れさせる必要もある。教職員課・高校教育課・保健体育課・総務課等、代表的な場所と仕事内容の違い、できるならば知り合いや顔見知りを作るように仕向けることも大事である。そのために、機会あるごとに校長代理として出張させる。校長自身の関係や知り合いの情報を手始めに流しておくのも良い。

**総括**

校長は、次の世代の管理職を生み育てなくてはならない。そして、校長として自分の得た管理職の技術と知恵を次の世代の管理職に生かし、校長の知恵として花咲かせたいものである。

# 3　校長のいじめ対応

## ■広げて、報告して助言を受ける

生徒同士のいじめは、学校として許さない・見逃さない・根治するというのが、どこの学校でも目標となっている。ところが実際には、なかなかそうもいかない。校長に報告が上がってくる頃には、かなり重傷となっている傾向にある。そしてそれを隠そうとし、内部処理で解決しようとして、かえって傷を大きくする場合がある。

問題や事件が起きたら、むしろ校内で共通認識して解決にあたるとともに、教育委員会に報告して、助言を受ける必要がある。報告とともに何らかの指導と助言を受けるべきである。そうでなければ、最悪の事態の場合に、教育委員会が知らないで、これから調査するという言明になり、校長の監督責任や指導能力を疑われることにもなる。

報告してあれば、校長の現場責任は逃れられないが、最終責任は教育長か県知事となり、教育長の答弁であり、県知事の弁明に変わってゆく。そこまでいかなくとも、教育委員会はいくつもの事例を持っているはずであるから、シンクタンクとして、学校の抱えている事例によき助言を与えてくれることが多い。

## ■教師全員の目で観察と注目と指導を

いじめ事例の新聞報道を読むと、当該のいじめグループの事例を、全体の先生方が注目していないのではないか、あるいは周知されていないのではないかとも思う。担任や担当の先生方だけしか知っていなかったのではないか、という報告のされ方である。もしそうだとしたら、いじめ事件の解決にはほど遠いともいえる。

このいじめ問題の解決のためには、全職員に周知して、教師全員の目で見守る必要がある。当該グループの動きを、その教室で、その廊下で、その近くのトイレで、授業ごとに、休み時間ごとに、ついでに見回る必要がある。そのような毎日の具体的な行動と観察が、いじめ問題の解決に結びつく。担任や担当者だけの指導で解決はできない。

そして、いじめをさせない雰囲気、いじめを見逃さない態勢作りが必要である。基本的にいじめ問題は、人の集まる所で強者と弱者ができ、多数と少数にわかれ、ちょっとしたいじめ心に端を発して、時間をかけて醸成する。それゆえ、学校側としては雰囲気作りと人間関係を見通す千里眼と信頼関係を持たなければならない。

## ■校長がまず動く

いじめ問題の解決には、校長がまず動く姿勢を見せることが大事である。

ただし、過去や現在のではなく、未来のいじめの解決のためである。どう動くか。時間的には一日三回、始業時前と昼休み後半と掃除時間である。一番大事なのは、始業時前である。朝の職員打ち合わせで、全体が終わり学年打ち合わせになったら、生徒昇降口に直行する。ここには、遅刻間際の生徒が駆け込んでくるのと、いわゆる問題生徒のたまり場になっている。生徒の最新情報とうわさと流行が行き交っている。

先生方は打ち合わせとＳＨＲの準備で忙しい。校長が一月経ち、三月経てば生徒の情報通となり、遅刻生徒の顔見知りとなる。その頃には、校長が立っていることを、間接的に担任や親に知られるだろう。昼休み後半は、体育館周辺を散歩する。掃除時間には、特別教室と図書館で、生徒の様子を見る。図書館は第二の保健室である。問題生徒の休憩室になっているかもしれない。

こうして学校の死角を、校長が視角内におさめることが大事である。

## 総括

いじめは、生徒間同士の人間関係の日陰に生まれる。校長の行動や機動力により、生徒の日陰部分に入ってゆけば、児童・生徒の力や相談相手になれるかもしれない。少なくとも、生徒がいる様々な学校の場所に、校長が立つだけでも、光源となる存在になると信じている。

# 4　妄想男への対応

## ■校門の不審者

生徒の下校時に、校門の前に不審な車が停まっているということが二、三日続いた。また、学校に苦情が続けて入った。ただ話の意味がよくわからない。かといって、でたらめをいっているのでもなさそうで、住所と名前を聞いてみると、学校の近所に住んでいる人のようだ。

ともかく訪ねて、話を聞いてみようと、教頭と二人で訪問した。高級住宅地にある瀟洒な家である。老人の母親と中年の息子の二人暮らしである。応接間に通されると、大型テレビが据えてあり、二人が並んで見られるようにソファーが置かれている。そこで母親を脇にして、中年男から話を聞いてみる。

## ■中年男の申し立て

苦情の内容は一見他愛もないような話で、一方的な被害妄想のように思われた。学校の校門の前を通り過ぎるときに、生徒が自分の方を指さして笑い、からかい、あげくは石を投げてきた、というのである。それで本人は、その生徒たちを見つけるために、車を校門の脇につけて、見張っていた。それを何日か続けたけれど、結局、生徒を特定できなくて、学校に電話をしてきた、というのである。

私としては、本校の生徒たちは一見変哲もない普通の中年男をからかったり、笑ったりするようなことはしない。まして、石を投げつけるようなことはありえない、と考える。そもそも、本校の生徒に関しては、そのような対人関係の苦情は一切なかった。

私の勤務校の場所は、設立二十年来の文教地区である。結果的に高級住宅地になってしまったけれども、住宅地の中心に当たるところに、小学校・中学校・高等学校の敷地が隣り合わせて作られている。それゆえ、新校当時より、小中、中高、高小等の交流事業が含まれており、それぞれが仲の良い関係になっている。また住宅地なので、風俗営業的な店はない。この地域内において、対人や対外的な事件やトラブルは聞いたことがない。生徒が指さして笑ったとすれば、それは別なものを示していたのだろうと思われた。

その中年男は、さらに意外なことをいう。「この前、学校近くのコンビニストアに入っていたら、生徒たちが俺の噂をしていた。しかも、その内容は俺しか知らないことなので、きっと生徒が俺の後をつけて、調べたからに違いない」と。ここに来て、さすがに内容がおかしいと思ったのだろう。母親が口を出した。「それは、あなたの考えすぎ、思い違いですよ」とたしなめる。一応は、苦情の対応として訪問したのであいさつをする。

校長の対応として、生徒が他人の悪口をいったり、人に石を投げたりしないように指導します、と約束した。そしてまた何かありましたら、学校にお電話下さい、と話す。帰り道に、お母さんもあの息子さんには手を焼いているようだな、と教頭と話しながら学校に戻る。この件はそれで終わった。

## ■新聞による後日談

それから三年後、新聞の県内版に変わった記事が載った。息子と母親の二人家族で、母親が亡くなった。息子が母の遺骸の処理に困り果てて、遺体を車に載せて捨てようとしたところを、死体遺棄罪で逮捕された、という事件である。

名前は覚えてないが、住所は前任校の住所の近くであり、その時に、即座に思い出した。あの中年男、あの妄想男の仕業に違いない、やりかねない、と思い当たった。それとともに、母親が亡くなり、あの男はこれからどうやって生きてゆくのか、と思いやった。

**総　括**

地域や近所の苦情は、校長の機動力で直接の話し合いを行うと解決が早いことがある。電話や人を介するより、話が早い場合もある。話が平行線で終わることも多いのだが、管理職が出てきたことで評価されることもある。

## 5 「七人の侍」という助言

### ■研究発表会の助言者として

県の中学高校生徒指導の研究発表会があり、私は校長として助言者となった。発表者は中学の生徒指導主事の教員で、都会の荒れた学校の建て直しに努力していた。その先生は独自の考え方を持ち、幅広く生徒の面倒を見て、かなりの成果を上げている。同時に何年か続けて実践を展開してきており、やや疲れと遅滞も見え始めていた。助言者としての私は、その先生の活動の動きの良さに加え着眼と方法の独自性を認め、意義と成果を評価した。その先生は何回か発表の慣れもあり、私の言葉も当然という形で受け入れる。しかし、私の言葉だけではもの足りず、それ以上の言葉を期待していたようだ。私の方は中学校現場を理解しつつも、その内容と展開の実態は今一つ認識が足りなかった。

そのため、その先生の活躍を認めるも、それ以上の言葉はその時は思いつかなかった。後から考えれば、その先生の努力は限界に近かった。疲れていたのではないか。それ以上先の、そしてその上の展開への助言が必要ではなかったかと思い当たった。この先どうしたらよいかという助言を必要としていたと考えられる。

## ■総会あいさつの内容

次の機会に総会あいさつの場が与えられたので、前回に続く助言の内容を盛り込んだ。学校の生徒指導はとかくベテランで有能な人の手に委ねられがちである。先の委ねられた教員は、もちろん有能であり、努力家で行動派の人であるので、自ら道を切り開いて、良かれと思うことをドシドシ推し進めて行く。その後には立派な成果が残り、学校の実績として評価される。しかし、学校としては、そこで終わりにならない。

それが、学校の恒常的な態勢にならなければならない。個人の力量と技によるもので終わりにしてはならない。担当の教師がスーパーマンであってはならない。その先生がなしたことは、他の平凡な先生に受けつがれていかなければならない。それゆえに、その先生が孤立しないよう、協力し支援するチームを必要とする。理想的にいえば、その先生を含めて七人の先生チーム、即ち「七人の侍」がいてほしい。トップである校長の理解と応援のもとに学校を改革するために、そして生徒全体をきちんと指導するために、「七人の侍」チームになってほしい。そうすれば、先進的な生徒指導担当のもとに、一人だけで疲れ果てることもなく、一人で最前線で何年も闘うこともなく、次の若手に指導を譲ることも、世代交代も可能である。

もちろん、大規模校でなければ、七人の侍や同志をつくるのは難しいであろう。だからそれは五人でも、少なければ三人でもよい。とにかく指導の内容を理解し、共に歩むことのできる侍、同志とまずは進むことであり、仲間で支えあうことが長持ちする秘訣である。このことこそが、学校改革に必要なことであり、何年も何世代も継続することができる道なのである。

## ■校長の役割と支援

学校の先頭に立ち、他の教員たちを引っ張り、改革の道を進める教員は頼もしい。それに対し校長はどう支援するのか。燃え尽きさせない、見捨てない、あきらめさせない、飽きさせない、が要点である。「見ているよ」と声をかけ、人的支援をする。応援の手立てをし、若い者をつける。組織の中で、分掌・学年等に位置づける。態勢を組み直し、特別の取り組みとする。研究校の指定を受け発表の場にする。要は人の置き換えがきく、全職員が動く学校づくりである。しかしこのことは、当たり前ではあるが難しい。

## 総括

生徒指導には、教員の共通認識と同志の意識が大事である。自分が走り出したときに、後に続く教員がいることを信じられるのは心強いものである。私自身、新設高校の設立時に、何度かくじけそうになりながらも仲間の支援の手応えを感じ、これがあるから明日も頑張れる、と思ったものである。

# 6　墜落の生徒をパシャリ！

## ■校舎から生徒墜落の報告

教育委員会の高校教育課に、生徒が校舎から墜落したとの一報が入る。H高校である。H高校は工業科の学校で、男子校である。その時に教育委員会は、「いじめ」及びいじめ事故をなくすためのキャンペーンを行っていた。

それゆえに、この墜落事故がいじめに関係するとしたら大変だ、と緊張が走った。続報によれば、生徒が自分で誤って墜落したものとわかった。しかし、そこにはまた別の問題が起きていた。その解決はそれはそれで、扱いに面倒なものが含まれていた。

## ■生徒墜落と、その後の問題

このH高校では、盗難やいたずら防止のために、実習や体育など、教室外で授業を行うときには、そのたびごとに日直が鍵を掛けることになっている。鍵は職員室に置かれる。事故が起きたのは、体育が終わった後である。事故を起こしたT君は、授業が終わって、早く教室に戻った。教室は鍵がかかっている。

しかし、廊下の窓から見れば、教室の反対側の窓は開いている。隣の教室を通り抜け、窓を出て、壁を伝っていけば行かれると考えた。そこは「犬走り」と呼ばれる出っ張りである。もちろん、学校では窓の外に出ることは禁止である。しかも、この教室は四階にある。普段から軽はずみの気があり、運動を得意とするT君にとっては、何でもないことと思ったのだろう。だが、その時は、どうしたはずみかバランスを崩したらしく、落下してしまった。下はコンクリートの敷地である。頭を打って即死だったらしい。

学校側としては、すぐさま異変を感じて、墜落現場の中庭に職員が駆けつけた。しかし、すでに手の施しようがなく、救急車の出動を要請した。職員にとって突然のことであり、墜落生徒の体を動かすことも、蘇生させる方法も思いつかなかった。せめて、生徒の体に毛布を掛けるか、シートをかぶせればよかった、と思うのは、後知恵である。見物の生徒たちが窓から乗り出して、ケータイでパチパチと写真を撮りだした。救急車が来て、死亡を確認して帰る。救急車は生きている人間を対象にする。後は警察の仕事となった。パトカーが来て、変死の扱いの確認をする。死体解剖のため、生徒の遺体を運び出す。その間も、生徒たちは珍しそうにパチパチとやっている。授業中であっても、先生の眼を盗んでケータイを突き出している。校長は、事故の内容と経過を教育委員会に報告し、生徒たちがケータイで現場を写していたことも併せて報告する。

## ■校長の力量を試される集会

校長報告の内容を聞いて、指導主事は次のように指導助言した。

「学校の校舎から生徒が墜落するという事故については、お悔やみ申し上げます。学校で可能な限り善処していただきたい。しかし、その墜落生徒の写真を他の生徒が撮るというのは、学校の教育問題であり、教育の内容として許せないし、させてはならない。校長の対応としては、すぐに六校時にも全校集会を開いて、事故を全校生徒に報告するとともに、ケータイでその事故生徒を写した生徒がいるということを注意して下さい。そしてそれは、してはいけないことだと説明して下さい。校長の真情として『これは人間のすることではない』と怒るなり、叱るなり、あるいは懇々と説明して下さい。そして撮った写真は、その場で破棄あるいは消去するように指示して下さい。これは校長の力量が試されることなので全力でお願いします。また、校長自身の口で必ず行って下さい」

### 総括

校長が時には、自分の全存在をかけてもやらねばならないことがある。この場合がその時である。これは教育委員会からいわれたからではない。やるべき時には、自分の判断でもやらなくてはならないのである。こういう時には校長は孤独でつらい。しかし、それを乗り越えてこそ校長でいられるのだとも思われる。

# 7 「ヤメタラ」と教師を指導

## ■ウツの休職教師

S先生はウツで休職していた。節目節目には学校に来校して、校長の私に状況を報告した。そのS先生が復職した。当面は軽勤務で、朝一時間遅く出勤、夕方一時間早帰りが認められていた。授業は週一四時間で、他の先生よりもやや少なめであるが、本人にしてみれば全面復帰であった。しかし、今までも、復帰をしてもうまくいかず、そのたびに休職に追い込まれていた。

私は本人を前にして、復帰するなら完全な復帰をしてほしいといいわたし、本人にも覚悟を促した。内心は少し危ぶんでいたが、ともかく精神的にはある面を越えさせなければと考えていた。そして復帰後一カ月、二カ月経つうちに、心配は当たった。

一年担当なのだが休みがちで、調子が悪いといっては授業を欠いていく。このままでは保護者から苦情がくる。今でも学年の中の先生からは苦情が出ている。一緒に組みたくない、いつも一年生が授業で欠課の被害を受けている、と。苦情が表沙汰になる前に、校長が荒療治しなければならないと判断した。

## ■荒療治と指導助言

五月の連休が終わったところで、S先生を呼び出した。教頭を横に置いて。最初は、「復職後の調子はどうですか」と尋ねた。S先生は、「まだ本調子ではなく、時々すぐれないことも多く、調子を悪くしたりしています」と答える。

私は「先生の様子を見ていますが、休みが多くて心配です。このままでは欠席した授業について、保護者からいつ苦情が来るか、と心配しています。S先生もそんなに大変なら、いっそ教師をやめて楽になったらどうですか」と付け加えた。「授業がつらいなら、教師をやめたら楽になりますよ」と強調する。

S先生は、「私はやめません」といい立ち上がって去った。しばらくして、組合の代表である男女の二人の教員がやってきた。私と本校の組合は悪い関係ではない。その代表は、校長先生は「S先生にヤメロといったのですか」と詰問する。私は、「ああ本当にいったよ」「なぜですか」と尋ねる。私は、「逆療法だよ、復職して、このまま前回同様ダメになる前に何クソ、と奮起させるようにいったんだよ。休みと授業の欠課が多くなり、保護者から苦情が来る前に、何とか立ち直るように手当てしたんだよ」と続けた。

「しかし、それにしても常識外れのやり方じゃないですか」「だから、効果を期待しているんだよ。それなら逆に尋ねるけれども、他に良い方法があるのか」と逆に攻める。

組合は鉾先を変えて、「教頭先生はこの件についてどう考えますか」と質問する。すると、剣道七段の猛者である教頭は、多少影響を考えたのか、「私はこの件については私の意見を控えさせていただきます」と遠慮がちに答えた。組合も私の考えに対しては、それなりの評価をしたのか、この件については、特に問題を大きくすることもなく、本部に報告もしなかったのか、そのままになった。

## ■教育委員会の対応

私の方は、校長として教育委員会に報告しなければならない。特に復職教員について観察を求めている担当がいる。S先生は最近休みが多くなり、校長としてこういう指導を行ったと報告する。すると担当は、「完全復帰は心配していましたが、そういう状態ですか」といい、私の指導は問題にせずに、「そういう状態ならば、非常勤を二時間つけましょう」となった。早速S先生と教科主任を呼び、教育委員会から二時間取ってきたと恩着せがましく説明する。それでその後、S先生は一年間もちこたえることができた。

## 総括

この件の場合、同情と共感では何も問題を解決しない。反発と敵意が力を出すことがある例である。校長はいつも職員に理解されるとは限らない。苦情が表沙汰になる前に荒療治をしなければならない場合もあるのである。

# 8　新学年団の早期立ち上げ

## ■まとまりのない一年の学年

私が赴任した学校の一年の生徒は、問題が多く全体として落ち着かない印象を持った。しばらくしてみると、生徒ばかりでなく、一年の職員自体がまとまりが悪く、バラバラだとわかった。聞いてみると、新一年の学年団は二月に結成され、担任希望者が少なくて校長から無理矢理指名された者もいるという。忙しい二月という時期に新一年を結成しても、三学期のあわただしい中では、顔合わせや話し合いをするのも難しい。基本的合意や共通認識を持つ時間もないはずである。一年主任は自分の担任を持つが、学年全体の見通しと見渡しは難しいと思われた。これではまずいと私は考えた。

## ■新一年団の考え方

年始めの三学期は行事が立て込む。入学試験や卒業式があるので、落ち着いて学校生活ができなく、行事の合間に授業をしているようなものである。一方でこの時期に、次年度の様々な計画を立てなければならない。新一年の結成もそうである。新二・三年は、そのまま持ち上がりとなるので、遅れても問題はない。

しかし、新一年は遅れがそのまま新年度に持ち越される。私は前任校で試みてうまくいった方法を取った。それは県の異動希望の時期に併せた形で行うのである。異動希望の提出は十一月になるが、その用紙が配られるのは十月である。その時に先生方は来年度の希望、即ちこの学校に残るか、新しく担任を持つか、別の学校に移るかを決めなくてはならない。新一年の担任を持ちたいと、この時点で決める人も多いであろう。

それならば、併せて校内で来年度の担任希望を取ってもおかしくない。それで前任校では、県の異動希望と連動して、来年度の担任希望を取ったのである。もちろん、そのためには、二学期の九月の初めから、機会を見つけて早めに担任希望を取ると予告する。新一年ばかりでなく、新二・三年もついでに取る。大体は、新二・三年は持ち上がりである。そこで意外なこともくみ取れる。例えば、現在担任を持ちながら、異動希望を出す場合などもわかる。

一方で、管理職登用推薦者などは、後任や推薦者の候補を考えたり、学年主任に早めにほのめかすこともできる。私の場合では、校長推薦による学校外の研究機関（教育センター等）に転出予定の新二年担任予定者を内示発表し、その副担任候補をスライドできるようにしたことがある。あくまでも、この時期のねらいの中心は、新一年担任団である。

そうすればとにかく、担任予定者と副担任候補の新一年学年団が年内に発足することができる。学年主任は校長が指名すればよい。必要があれば、意見を聞いて校長が発表するという形でも良い。

## ■新一年団の動き

こうした担任団あるいは学年団の動きはどうかといえば、新担任の熱さが違う、ということである。生徒がいない分、理想に燃えて同志的結合さえ感じる。そして、担任同士のアイデアと突き上げにより、学年主任は動かされてゆく。年内に行われた結団式で同志的意気をあげる。今まで事務的な分担であった、志願書提出、面接や学力検査、合格発表も積極的に行うばかりでなく、生徒情報も主体的に収集し共通理解がなされる。合格説明会も担任が前向きに取り組む。

新一年の職員決定から、入学式まで、校長は何の注意もアドバイスもせず、悩みもよけいな負担もなしに迎えることができるようになった。

### 総　括

新学年の主任にとって、新しい仲間からの突き上げや新提案や問題を持ち込まれて、同志の意識を共感させせられるのは、うれしく頼もしいものである。生徒がいない間は、担任たちの同志的結合が高まり、志願・入試・説明会を通して、その生徒の状況観察を行い、入学時には問題点の洗い出しとその対策が講じられていた。

# 9 校長が持ち込む校内人事

## ■校長転任による校内人事

私は校長会内の生徒指導委員会の委員長をやっていたが、四月に新しい学校に転任した。すると役柄上、転任した学校で生徒指導の幹事校を引き受けなければならなかった。どこでもそうであるが、校内人事は前年度中に決められており、四月には学校要覧も印刷物の形でできあがっていた。そういう状況下、最初の企画委員会（学校運営委員会）で、私の背負う役柄をどこかで引き受けてくれるだろうか、と提案した。

すると、生徒指導の主任には、「私の分掌ではただでさえ手一杯なのでとても引き受けられません」と、すげなく断られてしまった。どこの学校でも生徒指導は忙しい上に、仕事内容を考えれば、なるほどとも思われる。新しい赴任先が四月以後にしかわからないため、あらかじめ交渉や協議することはできない。かといって、生徒指導の幹事校の仕事内容は、校長一人ではできかねるものであった。さて、どうしたら良かろうかと悩んだ。ここは無理をしても、各分掌から一人ずつ出してもらい、事務局を組織するしかないかと考えた。その時に、まとめ役の主任が案を出した。「その仕事内容を企画委員会が請け負ったらどうでしょうか」というのである。

## ■企画委員会による生徒指導事務局

校内人事が全て決定しており、動き出している四月に、校長が持ち込んだ生徒指導事務局を、企画委員会が請け負ってくれたのは、大変助かるとともに、非常に機能的で合理的な名案であった。会費の受け入れと支出を事務長が行い、名簿の作成を庶務担当が行い、講演の会場決定と設営を視聴覚担当が行い、各学校の生徒指導主任の確認を生徒指導担当が行い、講師の調整を教頭が行い、手紙の発送や雑務はそれぞれが集まって行う。それぞれの仕事や分担はベテランが行うので、遅滞や落ち度がない。

この仕事を、例えば生徒指導の分担の中に一括して納めてしまうと、人により任せても大丈夫かと心配になり、いちいち確認しないと落ち着かない。名簿はできたか、講師は決定したか、会場は押さえたか、会費は納入されたか、手紙は発送したか等々。

さらに企画委員会はほぼ毎週会議が開かれるので、その中で途中経過が報告されることになる。ちなみに、私が受け持った地区の生徒指導委員会は、県立高校・市立高校・私立高校の計百校余の生徒指導主任の会議で、県立高校の校長を会長校、市立及び私立の校長を副会長校とするもので、春秋年二回の集会を持って情報交換を行う。そのうち一回は講師による講演会を併せて行うというものであった。地区が横浜であるので、都会のあらゆる問題が含まれていた。

## ■事務局による会費の見直し

事務局校を本校の企画委員会のそれぞれの分担の中で見直してみると、いくつかの見直しが行われた。実際に印刷や資料づくりは、学校内の印刷機や用紙を使うので大したことはない。県立高校と市立高校への発送は、県や市の逓送に乗せれば郵便代がかからない。私立高校だけ郵便で出せばよい。講演の講師も、人を選べば講師料はかからない。そうすると、会費はこれから二年間は納めなくとも良いことになる、とその旨を各校に連絡する。

このような見直しは、あわただしい業務分担の中では生まれない。やはり、適任の仕事分担の中から、見直しと反省が生まれる。この二年間は良い経験となり、そこで私の役割は終わるはずであった。しかし、次が専門高校の番となり、校長が専門部で忙しいので、事務局は引き受けるから会長を続けてほしいといわれ、続けることとなる。

## 総　括

モチはモチ屋ではないが、教員の寄せ集めではなく、力量を持った主任の集まりは、それだけで力とチームワークを感じさせられた。しかも、細かい指示を出さなくても、自然と働きが違うと実感させられた。チーム解散の時には、この能力も解散するのは惜しい、と感じさせられた。

# 10　書籍強要への対処

## ■校長あて書籍購入の強要

新人校長も新学期が始まり、何ヶ月か過ぎると、学校全体を見渡せるようになる。そういう時に、今までとは縁がなく、関係もないところから、さまざまな形で電話がかかる。新人ではなく、地区の新しい校長という意味でもかかってくる。挨拶であるのならば、適当に話をあわせて受話器を置けばよい。

面倒でしつこく、たちの悪いのが、「書籍購入」の勧誘である。

教育機関の名前を挙げたり、福祉団体と名乗ったり、あるいは教育関係者として、教科書、教育研究、教育団体史等の書名を挙げて、ぜひとも学校に一冊、もしくは校長自身のハンドブックとして一冊お備えください、必ず役に立つ書籍です、と強調する。確かに団体名としては、本県教育庁における承認団体ではあるが、校長個人に電話で売り込みをかけるとは、聞いてはいない。書籍の値段を聞くと三万円という。モノを見ていないが、これが一万円でも高い。相手はぜひともというが、この場合は「その予算がありませんので、お断りします」と明言して打ち切るようにする。

## ■ひたすら断固として断る

県が承認した団体だからというので、強引に校長個人に、購入して当然という態度で強要するということは、教育の世界では、学校、校長というつながりで特有の現象なのだろうか。校長職そのものに、その要素があるのか。あるいは個人の力量に関わるのか。

そういえば、と思い出す。着任して校長室を点検したときに一冊の写真集が出て来た。モノクロで教科書史の書物らしいが、文章も解説もたいしたことなくて、箱入りの体裁である。しかし、重要な書誌となる奥付（著者名、発行者、出版年月日）を欠いている。一般の書物としての価値はない。これを想像するに、本校の何代前かの校長が、三万円とかの自腹を切って購入したものであろうか。校長室の戸棚には、他に寄付されたであろう地元の書物が並ぶ。また、県や校長関係の図書が置かれる。しかし、その図書は表だって並べられずに、引き出しの中にしまわれていた。他の書籍とは違い、隠しておくようにしまわれた本であった。

書籍強要するときの態度には、硬軟の二通りがあるらしい。校長の立場としては、「だめ、いらない、金がない」の一点張りとする。対して、高圧的な硬派としては「学校の周りにガイセン（車）を廻してやろうか」とすごむのもいるらしい。その理由だけでは来ることもないと思うし、来たら警察対応をお願いすればよい。

一方の軟派では、「私どもが頭を下げてお願いするのに、買っていただけないのはどうしてでしょうか」と丁寧に質問してくる。その時は、「正直にお金がないのです、そのための購入する予算がないのです。その書物がどうしても必要な場合には、県で購入していただいて、図書館等で読む機会を作るしかありません。どうか県の方に働きかけをお願いします」と矛先を変えさせる。

## ■あくまでも正面向いて個人で対応する

きちんと断って一安心と思ったら、あとで一方的に送り付けてきた、という事例もある。この件では事務長と連携をとり、団体の書籍勧誘を断ったが、送り付けてきたという場合は、受取人払いで、送り返すようにする。こういう時は、時間が勝負である。こう来た場合はこうするというような形で、あらかじめ手順を整えておけば、相手につけいられることはない。このへんの手続きと対応は、校長のというよりも、世間常識の通用と慣れといった方が良いだろうか。

**総括**

一般論として、校長は団体に丁寧に対応するのであるが、それはそれとして意味はある。しかし、団体を背景にした「書籍購入」の勧誘という内容の公私を考えれば、ダメなものはダメなものとしてキッパリと断るしかない。

# 11　職務命令を出すとき

## ■前校長の懸案事項

新任校長で赴任した学校で、前校長より申し送りの課題があった。この学校は周年行事を来年に控えているが、職員の反対で周年の記念行事を立てられなかったので、ぜひできるようにお願いしたい。積立金等での学校整備は行うが、世間体を考えただけの記念行事はいらないということだった。

「わかりました、他の学校並みに実施するように努力します」と私は約束した。

年間行事は、例年のような形で芸術鑑賞会があり、その前に一時間ほど、周年の記念式典を押し込めばすむ。後は断固として実施する形にすれば良い。新任ながら、校長の伝家の宝刀である「職務命令」を使ってみようと、手ぐすね引いてその時を待った。

## ■校長の「職務命令」を発する

夏休みが明けて、翌年の秋の学校行事を決定する職員会議が開かれる。その当時は、まだ職員会議や学校組織の位置づけが条例等の法律で整備される前の頃である。校長の意思があっても、職員の多数決で否決されてしまうことがよくあった。校長が職務命令を出すとすれば、卒業式や入学式の国旗掲揚や国歌斉唱で発令する例が稀にあるかどうかという時代のことである。

私流に職務命令を端的にいうと、「口頭でもよく、内容については、不可能ではないこと、無理ではないこと」であり、校長の発する内容と職員のやりとりは必ず教頭に記録させる、というものである。

来年の芸術鑑賞会の話が始まり、分担内容が資料として配られ、説明される。特に問題点もなく、進行して終わった。そこで私が立ち上がり発言する。

「この芸術鑑賞会は本校の周年行事の記念行事とする。そこで、予定開始時間を一時間繰り下げて、その前に周年記念式典を行う。これは校長の職務命令である。もう一度いう。周年記念式典を芸術鑑賞会の前に置き、全職員の分担を持って記念式典を行う。細かい職員分担は、芸術鑑賞会にならって、次回提出とする。以上」

## ■職務命令の顚末

私が一方的にいい切って、席に着くと職員はキツネにつままれたように怪訝な顔をしている。そして、若いA先生が手をあげて立った。そしていうことは、「いやだ、いやだ。校長から命令されて仕事をするなんていやだ。きちんと仕事をするから、職務命令は撤回して下さい。お願いします」と。他の職員も「そうだ」というようにうなずいている。

そこで、私が再び立って、「今、A先生からこのような意見が出されたが、他の先生方もそうなのか」というと、皆「そうだ」という。そこで私は、「それではただいまの校長の職務命令は撤回します。この後は、芸術鑑賞会にならって、周年記念式典の運営と分担を担当で作成して、次の職員会議に提出して下さい」と締めた。それで職員会議は終わった。

職務命令を発令して、すぐ撤回というのは見栄えはよくなかった。しかし、職員と意見を交わさず、反対意見の有無もいわさずに、記念式典を決めたのは、効果的だった。また、ここで、校長の職務命令を発令したことで、組合側の先生方に対して、新校長は何をしでかすかわからない、一筋縄ではいかない、という印象を植えつけた。そして、そのことは校長の評価にもなった。

校長新任六カ月にして発した職務命令ではあるが、その後在職七年の間に一度も出さなかったし、出す必要もなかった。それでも、職務命令とはこういうものかという、貴重な体験の場になったことは確かである。

## 総括

職務命令の内容と扱いは、口頭で良い。内容は不可能でないこと、無理でないこと。校長の発する内容と教員のやりとりは、必ず教頭に記録させることである。しかし、発する時のタイミングは意外に難しく、重い責任を伴うものであり、また、発した後の教職員の反応は冷たく批判的なものであると、覚悟すること。

# 12　委員会の「一歩、前へ！」

## ■職員の交通事故

月曜日の朝、女性の先生から申し出がある。昨日息子と一緒に帰省するときに、途中の国道で事故を起こしたという。内容を聞けば、混雑もしておらず、急でもないカーブの場所で、たまたま縁石に乗り上げて車をひっくり返した自損事故だという。隣にいた小学生の息子は、宙にぶら下がった、という。私はとりあえず、人身事故にならずよかったといい、それでは委員会に提出するので、細かな報告書類を用意するように、と指示した。

本県では、職員の交通事故、特に自分の運転する自動車事故については、県への報告義務がある。どの程度の事故からなのか、被害状況についてはどうか、というのは判断が難しいところである。車通勤ではなくても、休祭日の事故であっても、届け出の義務はある。二度目の事故の際に、一度目の無届けがわかると罰が加わるともいう。それで立場上、職員の事故報告があれば、届けるように指導している。

これで、職員の交通事故が半年で二件か、と思った。四ヶ月前に、女性職員の車が二輪車に接触して、二輪車を運転する女性が倒れた、という事件があった。幸いに接触だけで、特に問題はなかった。それでも、教育委員会は見逃さずに、何かといってくる。前回の事件は、きちんと報告書にまとめあげて提出している。今回も、きちんと指導すればよい。召集を受けたのは三月である。

## ■教育委員会の処分と校長の監督責任と

当然のことながら、県民の目が公務員、特に教員等に向ける目は厳しく、我々公務員の日常の行動はそれに応えるものでなくてはならない。

ここで問題になっているのは、人身事故とは違い軽微な交通事故である。処分とはいえ、実質的な制裁措置を伴わず、「訓告（文書無し）」もしくは「告諭」と呼ばれるものである。簡単にいえば、「（教育委員会による）口頭の注意」である。それでも、教育委員会の取扱いであり、新任の人事や昇任人事、退職人事等と同様に教職員課が扱う。なので、「訓告」という職員注意についても、その効果を上げるために一種の儀式となっている。

当然のことながら、実質的に叱られるわけだから、厳粛にして素直にならざるを得ない。また、叱られるのだということは、当該の教諭の先生によくいい聞かせなくておかなくてはいけない。

## ■会議室の中で

場所は、委員会の会議室である。そこには、委員会側として、教職員課長がおり、他に司会者として課長代理（教員出身）がいるだけである。学校側として、交通事故の当事者のＡ教諭とＢ教諭の二名と校長の私である。正面に課長が立ち、その左に課長代理が立つ。課長代理の指示により、課長の正面に、二人の教諭、その横に校長が立つ。そして事件概要を代理が説明する。

次に、「Ａ教諭、一歩前へ」と指示する。課長は「Ａ教諭を訓告処分とする」と述べる。同様にＢ教諭に繰り返される。最後に「櫻井校長、一歩前へ」と指示。「Ａ・Ｂ両教諭の監督指導不十分により、訓告指導とする」と裁決が下る。恭しく受けて、儀式は終わる。実質はあまりないが、気分はよろしくない。教諭たちは終わって大したことがなかったので、「こんなに忙しいときに呼び出さないでほしい」などと、文句をいう。私はそれを抑えながらて学校に戻す。

一人になって、ヤレヤレと肩先に疲れのみ感じる。そして、「これも仕事のうちか」とつぶやく。

## 総括

教育委員会の処断は、厳粛に受け止めねばならない。同時に訓告ならそれで事件は終わりとなる。事態は新しく始まる、あるいは切り替えとなる。しかし、似たような事故を起こせば当然のことながら、次第に重い処分となる。特に教員処分としては、体罰問題は繰り返し起きる、ともいう。

# 13　指導主事出向の余波

## ■管理職の推薦

教諭から管理職への道は、各県の条例により試験や推薦等それぞれであるが、筆者の県では基本的に校長推薦である。様々な出向や資格を取る際に基本的に校長推薦がものをいうのは、どの県でもあまり変わらない。一般的には、教頭が何回か学校を移って校長になっていくのは見慣れている景色である。三年か五年くらいごとに、主任の教員が教頭になるのも珍しくない。

普通の学校では、人事についてのドラマは少ない。その学校では半分以上の職員が中高年で、学校の運営は問題なく遂行されていた。そのような中で、私自身は四十代前半で、若い方の教員であった。それが県教委に異動し、指導主事となったから、学校の先生方は驚いた。ほとんどの教員は、仕事内容は抜きにして、良いところに異動した、出世した、俺の方が仕事はできるのに出し抜かれた、という思いであっただろう。もっといえば、何であいつが選ばれたのか、という思いだったのであろう。

## ■学校で目立たない教師がなぜ

確かに私自身、学校では目立つ方ではなかった。担当の国語教師としては、作文に熱心で生徒を何回も入賞させていたが、運動部の成績ほど注目はされない。三年生の自薦の推薦書などは、私にまわされて、担任からは重宝されてはいたが、その時だけである。職員会議では、進んで発言することも、批判することも、反対することもない教員であった。主任等のリーダー役やまとめ役は、先輩の教員たちが押さえていた。

つまり私は教科指導を熱心に行い、担任指導をきちんとまとめあげてクラスを治めている普通の教員であり、管理職や主任から特に注目されることのない教員なのであった。その一方で、県教委から指示を受けて、出張したり会議に出席をしたりしたが、公にすべきことではなかった。また、国語部会の出張もこなし、個人としては教科書作成委員の仕事もしており、管理職の承認も受けていたが、これも吹聴すべきことではないが、これらの公私にわたる活躍を総合的に評価して、校長が指導主事への推薦をしたのである。教頭等の管理職推薦としては若すぎるが、指導主事としては若すぎることなくバリバリと動ける時期にと、送り込んだのである。実際に指導主事となってみて、一番とまどったのは、校長の相談に対しての助言である。職員会議でさえ、ろくに発言したこともないのに、役柄とはいえ校長の相談に面と向かって答えるのである。新米には直接に重要な相談はまわってこないとはいえ、失敗を積み重ね、慣れるまでに時間がかかったのは確かである。

## ■櫻井効果

一方で、友人から私が異動した後の学校の様子を聞くと、これがじつにビックリする変化を遂げたことがわかった。

まず校長に対する変化である。目立たない国語教師の私を、県教委の指導主事に引き上げたので、校長の力量を見直したのである。そして服装の変化。それまでジャンパーや体操着であった者が、きちんと上着を着てネクタイをする者が多くなったというのである。そして、職員会議で反対する意見や批判的な意見がパッタリと消えたのである。

それらを聞いて、私は、何だ、と思った。自分の主義を簡単に変えるなよ、といいたかった。しかし、みんな次には自分がというあせりも感じたのだ。残り少ない五十代教員の悲願と悲哀も感じる。小中の教員ではそのアピールとあせりはさらにあるとも聞いている。

校長にとって最後の年は、学校内が安楽で平和だったはずである。

## 総括

校長は管理職推薦には、意欲的にかつ効果的に取り組むべきである。同時に指導主事やセンター・教委等の出向にも力を尽くすべきである。実現すれば、教員が校長の手腕を見直し、学校運営もより滑らかになるのは間違いない。

# 14　教育実習生への校長講評

■教育実習生への校長講評

筆者の勤務した学校では、毎年六月と九月に、教育実習生を受け入れていた。多いときには一〇人以上もいる。私の勤務校の卒業生なので、可能な限り受け入れていた。受け入れ時の多少の支障はやむを得ないし、先生方のご苦労と努力も頭が下がる思いである。

校長の私も努力する。その最大の努力とは、実習生ノートの最後のページにある、校長講評である。ご丁寧なことに、大判ノートの最後のページが丸々と残っているのである。大学側の思いもわからないわけではないが、一〇人以上引き受けて、専門も違えば、忙しくてロクに見る暇もない校長の実態をわかっているのか、という思いもある。それで校長によっては、担当教員等に代筆させるともいう。

私は立場上、目一杯書いて埋めることにしていた。もちろん教育実習の全てを見ていないので、一般論となる。

■教育実習の体験

見ているのとやってみるとでは大違い。おそらく教育実習はその最たるものであろう。実習生にとって、この期間は疾風怒濤の日々であろう。実習生は、毎日毎日真剣に情熱を持って取り組み、全身全霊をもって取り組んできたものと思う。しかし、世の中には何事も実践的に集中的に行わないと見えてこないものがある。

授業実践もその一つである。実際にやってみると、わからないことが次々と出てくる。内容をきちんと理解していないと、生徒の前ではっきりといえない。もちろん、教育実習はみんな初めての体験であり、教員ならばみんなが通ってきた道である。この実習ですべてが自分の思うとおりにうまくいくということはありえない。

「畳の上の水練」をいつまでやってみてもわからないものはわからない。当然のことながら、その結果として、正規教員に比すれば指導は蕪雑であり、説明は稚拙であり、技術や能力は未熟である。単純に比較すればそういうことである。

しかし実習生の素晴らしいところは、わずか二、三週間の間に長足の進歩を遂げることである。最初は言葉もしどろもどろで、とんでもない方向を見ながらブツブツ説明していたのが、研究授業になると生徒の視線を受けとめ、メリハリをきかせた声で、説明しながら板書をするようになる。Tさんもこのように成長した。

成長したのは実習生だけではない。授業を受けた生徒も成長したのである。生徒は最初は実習生のいうことがわからなかった。若い先生が情熱的に説明しながらも、その内容はハッキリせずに、その熱心さのみを受け入れた。先生が何をいっているのか、先生が何を説明しているのか、それぞれの生徒が全身で受けとめようと努力した。その結果、先生の説明の努力と生徒の理解の努力が、あいまって太いコミュニケーション理解と感受性の共鳴になった、と私には思える。どちらも成長したのである。

## ■実習生の責任

「この教育実習の体験は、あなたの人生の原点になると考えられる。教職生活の大半は失敗の連続であるかもしれません。全てがうまくいったという人はいません。これからは、常に今回の体験に立ち戻って、これからの人生を歩んでほしいと私は願っています。

これほど自分の一挙手一投足にいたるまでのアドバイスを受けることは、この先の人生でそうはないはずです。あなたが教えた六クラスの生徒は『ガンバッテ、ガンバッテ、T先生！』と声援を送るあなたの私設応援団です。教えた生徒に対しては、永久にあなたは先生です。教師としての責任を忘れないように」

**総括**

教育実習を受け入れることは、新しい可能性を育てることと考える。これは校長としての楽しみであり、義務でもある。それゆえ、私はその後始末を一つ一つきちんとつけてあげたいと思うのである。

# 第４章　学校運営の様々な姿

# 1 「生徒通学路を変えろ！」

## ■家の前を通させるな！

「家の前が生徒で満ち、車を出せないので、生徒を通行させせないでほしい」——近所の住民から苦情が寄せられる。高級住宅地によくあることである。「電話を切るなよ」といいながら、自分の名前は名乗らない。

A高校は住宅分譲以前に、文教地区として小学校・中学校・高校を接して最初に区画された。小学校と中学校は地元住民の子女か、少人数で登校するから目立たない。高校は、多くが遠くの私立に行かせる地区である。私の勤務校の生徒はほとんど電車通学で、集中して八時半前後に登校する。だから道筋に当たる家では、切れ目なく生徒がつながり混み合う。それゆえ、「通学路を変えてくれ」、という要求につながる。

しかし、これは当然のことながら受け入れるわけにはいかない。そこで、苦情への答えとしては、「学校創立時に、駅からの通学路を教育委員会と警察に提出して許可を得ていま す」というと、相手はそれ以上はいってはこないであきらめる。

## ■生徒を見たくない高級住宅地

住宅地の中を生徒が登下校するのは、所により、また場所柄によって学校公害に比せられる。特に新興の高級住宅地では顕著に現れる。着崩した学生服、見るからに身だしなみの悪い生徒、茶髪の頭、時にはタバコを吸いながら歩く姿、決められた時間とずれた登校など、高級住宅地の意識を持つ住民としては見たくない生徒像である。同時に自分たちの生活の場に現れてほしくない、存在しないでほしい者たちである。

一般論としては理解できるし、もっともな意見でもあろうが、現実に存在する学校の立場としては、受け入れることはできない。特に高級住宅地と呼ばれるところでは、多い事例である。もちろん学校の先住権は主張できない。そして、住民たちも、生徒に直接、通るな、歩くな、見たくないとはいえない。だから、苦情として学校に直接電話をしてくる。このことについて、校長としては応対する場合でも、謝罪したり改善措置の約束はするとしても、「はい、それでは通りません」とはいえないし、いえるはずもない。

三〇年以上経つ既設校の場合は、新設当時の様子はわからないので別の工夫をする。毎年作成する学校要覧や学校案内には、学校の位置と駅からの略図を必ず載せている。それを毎年教育委員会に提出するので、それをもって通学路は教育委員会に提出と了解ずみとする。ただし、一般住民は、教育委員会の了解だけでは承知しない。ここは形式だけでも警察の名を借りないと押しが効かない。

一方で、近隣の警察署とは、朝の交通指導、交通講話や実際の交通指導や免許取得者の二輪実技指導でお世話になっている。これで、実際的な通学路の認証として書類の提出はしないが、慣用的に通学路が許可されていると拡大解釈して、苦情の対応時には、警察署も許可ずみ、というように名前を借りることにしている。

住宅地と生徒の登下校の群れは宿命的な対立の要因である。学校は地元とは共存する必要がある。生徒が私道や住宅地を抜けたり、私有地に出入りしたり、道で喫煙するならば、具体的な生徒指導や巡回指導を行わなくてはならない。

学校独自の年間計画には、年度初めやテスト時に、バス乗車指導やバス同乗指導などを行っている。先生方も色々な形での努力と工夫をしている。しかし、できることとできないことがある。できることをきちんとやる他はない。

## 総括

学校周辺の住民は、必ずしも学校に好意と期待を持ってくれるとは限らない。学校及び生徒は公害視する眼もあることを忘れないこと。それゆえに、学校は地域協同体としての意識を高め、地域協同の事業を目指すとともに、学校情報を地域に流す努力を行う。

# 2　ＡＬＴと大麻事件

## ■ＡＬＴの派遣

ＡＬＴとは、外国人の英語指導助手のことである。英語の先生とともに授業に出て、ネイティブの英語に触れさせる。形として先生の補助として授業を手伝う。その採用条件としては、教員や教育関係者に限らず、様々な経歴を持つ者が多い。

採用条件件は、英語を母国語とする者である。それゆえ、必ずしも英語の教え方や発音がうまいというわけでもない。公用語がいくつもある場合など、必ずしも英語が上手とはいいがたい時もある。何十人もまとめて採用するので、良質な教師ばかりでなく、当たり外れもある。

あるＡＬＴなどは、学校が用意した木造のアパートを見ただけで、成田へ直行して帰国したという。生徒があまりにもうるさくて授業を聞いてくれないので辞めることもある。成田に迎えに行ったら、入れ墨をしたＡＬＴだったので驚いたという話もある。

大麻事件を起こしたＡＬＴも、その背景に出身の国では、規則がゆるやかに認められていたのかもしれないとも想像する。

## ■大麻事件の概要

詳細はわからないが、おそらくＡＬＴは大麻の種を外国から日本に持ち込んだものと思われる。それを蒔いて育てたのであろう。どこに植えたのか。公園のヒマワリの列の後ろにである。種は芽を出し、苗はスクスクと育つ。ヒマワリの苗も育ち花を咲かせる。その時までは、後ろに大麻が育っていることは、だれも気づかなかった。ところが、秋近くになり、ヒマワリの花が散って、茎が枯れ始める。大麻が姿を現してくる。公園の管理者か誰かが、警察に通報する。そこで警察は待機し、様子を見る。そしてそのＡＬＴが採取に来たところを逮捕した。

困ったのは学校である。事件でＡＬＴが逮捕されたのはどうしようもないが、次善の対策としては、別のＡＬＴを派遣してもらわなければならない。授業に穴を空けられないので、日本人教師だけでやらなくてはならない。早く次を派遣してほしいとせっつく。

ところが、ここで大使館の誰かが知恵をつけたらしい。「日本の法律では、現行犯で逮捕されても、その時点では、容疑者であって正式に罰せられない。警察から裁判所に事件が移されて、裁判官が裁断を下し、判決を受けるまで、刑が確定しないし罰を受けない。それゆえ、判決が降りるまでは、今の職を辞めさせられることはないし、給料は出る。自分から辞めるといいわないように」とアドバイスしたのだ。確かにそういわれればそのとおりであるが、日本人はそうは考えない。警察に逮捕されたら、その時に観念してしまう。日本人の虚をついたやり方である。

## ■その後の顛末

学校からは次のＡＬＴをと催促するが、ＡＬＴは辞めないという。辞めなければ、教育委員会としては次のＡＬＴを派遣できない。ＡＬＴは外国人であり、英語でやりとりするので、当然のことながら英語の指導主事の仕事である。しかし、最後まで頑張られるとどうしようもなかった。それでも、最終的に何とか辞職させることができた。落としどころは、「君の教えた生徒は君のことを信じている。早く戻ってきてほしいと念じている。もし君が帰ってこれない場合には次の先生に早く来てほしいと願っている。その生徒たちに対して、ＡＬＴとしてのあなたはどうやって応えるのか。また、応えられるのか、考えてほしい」と粘って承知させた。この事件では、文化の違い、居直りとコミュニケーションに手を焼き、いろいろ感じさせてくれた。

## 総括

ＡＬＴから学ぶのは、英語の発音と英語の使い方が中心になる。英語を通して文化の背景と歴史を、さらにはＡＬＴその人の人間性からも学ぶことがあるかもしれない。しかし、ＡＬＴは学校を兼務するので、授業以外で生徒に接触する機会は少ない。

# 3　男子の養護教諭志望

## ■平凡だが奇妙な相談

新学期が始まってまもなく、養護教諭とある卒業生の在校時の担任が校長のところに相談に来た。大学に入ったその卒業生が、本校で教育実習を受けたいというのである。私の勤務校は、毎年一〇人以上の教育実習生を受け入れている。それは受け入れ担当の先生と相談すれば、良いことだろうと考えたが、内実が違った。

日本体育大学に進んだW君は、私の勤務校で保健体育の実習と養護教諭の実習を受けたい、というのである。どちらの教科も私の勤務校では受け入れている。ただし、女性ならばである。男・女の保健体育実習は受け入れている。女子の養護教諭実習も受け入れている。女子学生が三週間の保健体育実習の後に、三週間の養護教諭実習を続けて受けた例が私の勤務校ではある。

しかし、男子学生の養護教諭実習を受け入れた例はない。女子生徒が多い私の勤務校では、ひとつひとつの場面において指導が難しい上に、個人情報に関わるところや、女子生徒の相談に、同席はもちろん、同室させられないのでは、実習は実質的に不可能であるという養護教諭の意見である。それでは方向を変えて、小学校や中学校ではどうかと問い合わせをしたが、難しい、経験がない、無理であると断られてしまった。そもそも公立校においては、男子の養護教論の採用は行われてないということである。

## ■W君の熱き思い

W君は、私の勤務校の高校生時代、アメリカンフットボールの選手であった。どちらかといえば大柄の生徒で、真面目で熱心な努力家であった。最終的には、全体のサブリーダーのような立場となったが、その間に部員間の相談役のような役割をしていた。

本人は、その適性から高校の保健体育の教師になろうと決めていた。それに加えて、仲間たちの面倒を見たり、具体的な事故などへの対応から、養護教諭の資格も併せて持つべきである、という信念をもつようになった。そして、自分にはその余力もあると自信がある。それで、本校の旧担任と養護教諭に相談に来たというわけである。結果は、本校での保健体育実習は可能であり、養護教諭実習は不可能となった。

しかし、W君の熱き思いに対して、養護教諭はさらに検討した。その結果、本県の男子私立高校のK高校において、男子の養護教諭が存在することがわかった。そして、このうえの交渉については校長先生にお願いしたい、という。当然、知り合いではない。まずは電話で様子伺いをして、手紙でお願いする形をとる。その手紙に書く。「W君は、明朗快活なスポーツマンで友人も多い。三年間アメフットの部活で活躍し、中心選手でした。一度目標を定めると寝食を忘れて行動し、行事についても熱心に取り組み、クラスや学校の活性化に尽力した。他の生徒の模範にもなり、本校の卒業生として、現在でも推薦できる学生です」と書き添えた。

## ■体育教師としてのW君

W君はK高校の養護教諭実習を受けて、私の勤務校の保健体育に加えて、養護教諭の資格を取ることができた。そして卒業後は、念願どおり高校の体育教師となることができた。今ではフレッシュな体育教師として生徒を指導するとともに、部活動も精一杯生徒の指導に当たっている。しかし、まだ男子の養護教諭採用の話は聞かない。W君の夢の実現はまだ遠いかもしれないが、生徒の面倒見が良く、生徒の相談に十二分に応える教師として、県内の学校で活躍している。理想の道としての形は遠くとも、実際の具体的な行動はすでに始まっているので、W君は教員として充実した毎日を送っていると私は信じている。

## 総括

生徒はいろいろな可能性と希望を持つ。その中でも、このような男子生徒（学生）の養護教諭志望はその希望を叶えさせたい実践であり、試みでもある。同時に教員採用の意外な盲点を指摘された思いである。

# 4　国旗の活用と可能性

## ■留学生のあいさつ

私が教員として新しく赴任した学校には留学生がいた。留学が終わるときに、全校集会を開いて留学生があいさつをする。その時に、彼は星条旗を小さくたたんで三角形にしたものを持ってスピーチをした。最後にこういった。「このアメリカの星条旗を、私の学んだこの学校に贈りたい。そしてこの国旗が、アメリカと日本の友情のあかしとなると信じたい」。そして、折りたたんだ三角形の旗を、校長に手渡した。私はこの留学生とは学年も違い、授業も関係がなかったが、この場面に立ちあって、非常に感心した。

留学してきた一人の高校生（若者）が、最後の印象的な場面において、立派にアメリカの大使の役割を演じている。この留学生は、まさしくアメリカの代表として、即ちアメリカの大統領代理として、日本の高校の友人たちに、そしてこの学校に対して、十分にその仲立ちをしているのである。

日本の高校生が留学しても、このようなスピーチは不可能だろう。日本の国旗の下に、という発想も訓練もなされていないからである。後で思ったことは、お互いの友情の表現であるならば、校長に星条旗が手渡された時に、こちらも日本の国旗を手渡せば、友情の交歓の演出となったはずであるが、我々は国旗交換というような習慣をもたない。

## ■留学生としての日本人高校生のあいさつ

もしも日本人高校生があいさつするとしたら、どんなあいさつが可能だろうか。日本人なりの思考・習慣に基づいた平凡なあいさつが目に浮かぶ。具体的には、まず外国の学校との姉妹校交流の場合は、「日本のA高校とアメリカのB高校との友情がこれからも永遠に続くことを信じます」というようないい方が予想される。また、外国との友好都市交流の場合は、「神奈川県とアメリカのメリーランド州の友好がこれからも深まることを期待します」、「神奈川県と韓国の京畿道の友好がこれからも続くことを期待します」、「神奈川県と中国の遼寧省の友好がさらに活発になることを期待しています」というような形に収まるのではないかと考える。

これらの言葉は、あいさつとして失礼ではないが、型どおりの域を出ない。悪くいえば、ステレオタイプであり、発展性もダイナミックさもない。先のアメリカの留学生の例に比べれば、スケールが小さい。国旗という重み、国と国との間の友情、未来への明るい志向性などという具体的な要素を挙げてゆくならば、これはそのまま、これからの日本人として求められる資質、即ち「国際性」、「国際人」であり、世界の中での日本人としての「アイデンティティ」が必要なのではないか。そしてその手段として国旗を活用するようになるのではないか、と考える。

## ■国旗の下の可能性

留学生の例に見るように、日本人が自国の国旗を差し出して、私の国とあなたの国の友好と交流を信じたい、と照れも恥ずかしさもなく、真摯な気持ちでいうことの可能性を信じられるだろうか。

国際性のある日本人が求められるならば、国旗を持って様々な場面を想定して表現することは必ずどこかで必要になってくるはずである。現在の韓国や中国の、しかも大人に対してそういう場面を想像するのは難しい。

しかし、これから世界に飛び出し、次世代を担っていく高校生に対して、「国際性」という感覚は必ず身につけなければならないものとなる。その時に、先の留学生のあいさつ例は良き手本となる。

## 総括

日本人が正しい国旗のあり方と使い方を、常識として通用させられるようになるのはいつかわからないが、次の世代に期待したい。国旗交換が当たり前にできるようになる日を信じたい。

# 5　部活嘱託を切られる

## ■部活嘱託とは

高校では様々な部活がある。生徒の興味と関心、伝統により多様な部活が存在する。一つのグランドしかないのに硬式野球・サッカー・ラグビー・アメフトなどの部が存在し、剣道とフェンシングも同じ練習場を共用する。一方、クラス数の減少により職員数が減り、顧問として指導する先生も少なくなっている。それを補うのは、部活嘱託である。といっても予算に限りがあり、枠も決まっている。運動部なら野球・サッカー・バレー・バスケット・陸上・テニス・柔道・剣道等、どの部活でも嘱託はほしいだろう。また文化部では吹奏楽・茶華道などである。

普通、この決定には管理職は関わらない。大体は年度末の、部活顧問の先生方による顧問総会によって決められる。ただし、白熱する議論の中で、部活の事情を説明して来年度ぜひ必要とか、来年度以降というように、枠の中で話し合う。また、次年度以降の枠が増えた場合にと順番をつけておく。

## ■茶華部道の嘱託を切られる

私の勤務校は二〇年近くの歴史があり、周りの住宅地と共にできた高校である。開校以来、茶華道部があり、その嘱託は学校近くに住む茶華道教授の先生である。いつも部活の女子生徒を熱心に教え、文化祭の時などは、生徒に着物を装わせて、校長室にも運んでくれる。別の情報では、学校の茶華道の嘱託をしていると、専門の茶華道の世界でも押しが効き、信用もあるという。その先生は学校に来るときにも愛想を振りまき、私に会うときでもいつもおだやかで愛想が良いのである。

ところがあるとき、老齢にもかかわらず、息せききって校長室に駆け込んできた。私があいさつも返さないうちから、詰問するようであった。「一体、学校の茶華道部をどうするつもりですか。私は校長よりも長く、二〇年も茶華道部を見ていたんですよ」と、いうのである。そこまで聞いて、ははあ顧問総会があり、そこで茶華道部の嘱託を切って、他へ回したのだなと思いついた。

それにしても、茶華道部のN先生は、校長に報告しないで先に嘱託の顧問に連絡したのは順序が違うと思った。顧問総会での部活嘱託については、校長の了承を経て変更をするわけではない。特に終了については関わらなかった。最初に採用するときには、一応県職員採用の形式をとるので、手続きとして採用書を事務長が作成し、校長が直接に手渡して任命する形にする。毎年、茶華道部は一応は歴史ある部活なので、嘱託について配慮されていたものが、今年の選出は厳しかったのであろう。担当の部活の顧問が退職ということもあり、押し切られたのか、あきらめたのか、あるいは運動部の攻勢が強かったのであろうか。校長に報告するより先に、嘱託に連絡したのもその意識の表れであろう。

## ■顧問総会での嘱託決定の重さ

嘱託が駆け込んできて、校長に不平をいうのを、私はだまって聞くことにした。嘱託の訴えを聞いて差し戻すことは不可能ではなかったにしても、それをすると、顧問総会の無視と騒がれ、校長の強圧と受けとめられかねない。この嘱託が、これまでの歴史的経緯に基づいて、今回の処置に不平である、と騒いでも高が知れている。やはり、顧問総会を校長としては重視すべきであろう。管理職がいなかったとはいえ、不当なものではなく、ほぼ教師全員参加の形で決定したものである。校長としては配慮をしてほしいと思うが、会議が白熱してくれれば、弾かれるものは、結局いつかは弾かれるのである、と納得した。

## 総括

部活嘱託を獲得しようとする教員同士のせめぎあいは、本当にシビアである。この係の担当は、いつも話し合いの落としどころに苦労している。県予算の枠の中で行い、削減される方向にあるのでホットな騒ぎにならざるを得ない。

# 6　道を踏み外す者

## ■足が地につかず高望みする

T夫は、私と同級生だが、個人的に仲が良いわけではない。それでも県立高校の国語の教員であり、互いに近くの学校に赴任していれば、教科や生徒指導で出会い、話し合うこともある。私はそのころ大学院に籍を置きながら、定時制勤務をしていたので、かなり毎日が忙しかった。

T夫は運動部の猛者であったけれども、国語部会のある研究会で委員長をやっていると聞いた。別の筋からは、本人が偉ぶってなかなか人がついてこないとも聞いた。そのうちに母校に転任したと聞く。その時、母校の評判は低迷していた。校長は、かつての我々の担任だった。そこで、校長はT夫に、「お前は母校の捨て石になれ」といったとか。

T夫は自主講習を始める。次の年には、校長の推薦があり教育センターの長期研修員となる。そこで三年たつも、人間関係が芳しくない。相変わらずプライドが高く、目線が高いのである。行き先がないということで、高校教育課への出向となった。その時、私は高校教育課の国語の指導主事であった。彼を知らないわけではないが、特に親しいというわけでもない。T夫は無任所の指導主事となったのだが、ここでも行動は変わらない。新任であるが、下働きをするわけではなく、仕事ができるわけでもない。結局、二年いただけで、学校へ戻された。戻ると、前に比べてさらに偏屈になった、とも聞く。

## ■伝手《つて》の議員周旋と校長推薦と

T夫が赴任した学校に、教育委員会から校長が昇任となってきた。半年もたてば、次の年の昇任と人事が動き出す。校長はT夫の学校の中の動きと人間関係を見て、管理職昇任は、まだまだだなと思ったそうである。一方、T夫の方としては、地元母校の校長の推薦で教育センター長期研修員、教育委員会の高校教育課での指導主事経験ということで、地元の県文教議員の伝手で管理職の引き上げをお願いしたらしい。

そしてその議員は早速動いてその動きを図った様子であった。その結果、校長の所に問題を持ち込む。校長も剛の者である。議員は、素直にT夫の管理職引き上げのために、県議会や県会、特に教育庁や教職員課による管理職のありかたについて調べたらしい。そして、どうも教職員の管理職のありかたについては、他の県の管理職と違い、単なる地縁による引きあげや推薦引き上げによるものではないと、理解したらしい。

即ち、教員の管理職推薦や引き上げは、まず担当の管理職（校長）の推薦が基本となる。当然のことながら、T夫には校長の推薦がない。そのために、脇から文教議員がいくら推薦してもだめだった、というのである。そこで、今からでも推薦してくれないか、と。当然ながら、校長ははねつけた。以後も推薦しなかった。

## ■身元不明の怪文書

母校百周年を迎えるに当たって卒業生から管理職をというので、私が母校の教頭となった。校長は教職員課出身のベテランである。いろいろ忙しい中に年がめぐる。本校の校長・教頭対象の怪文書が教職員課に届く。

内容は、百周年を迎えるに当たって、今春は一人も東大合格者を出していない、これは校長が常に学校にいずに教員を指導していない。教頭が学校をまとめていない。教頭の資質や指導もよくない。管理職二人の職の降格を要求する、というものであった。

教職員課の調査では、Ｔ夫と判断した。百周年に関してのねたみとやっかみであったろうか。その後のＴ夫について、消息は聞かない。

## 総括

自身の自負と他人からの評価の食い違いはよくあることである。そして、上に立つ者の基本的な判断基準は昔も今もさほど変わらない。確かな能力を持ち着実な成長をするならば、リーダーは評価する。裏表のない地道な努力と、今を耐え抜く我慢が大事である。

# 7　文教議員の視察レポート

## ■文教議員の視察にあたって

新年度も落ち着いた四月下旬に、県教委の方から学校に学校視察の通知があった。県では生徒の減少を見込んで、県立高校の統廃合の計画が進んでおり、文教議員が高校の現状と特色化等の実態がどのように進んでいるか、知りたいための視察だという。県下それぞれの地区に数校ずつ選ばれており、私の勤務校には与党の女性議員がくる、という。

あらかじめ学校概況のアンケートがあり、進学実績、生徒指導状況・留年・退学数、カリキュラム・特色・部活動、授業料納入状況等の資料を、学校説明会時の資料とともに提出する。対応は管理職のみということなので、校長と教頭二人及び事務長とした。私は先任の教頭として事前資料を準備して送付する。後任のT教頭は報告資料作成の分担とした。

当日は議員一人に、経理課と高校教育課の付き添いがついて、県の車で午後に着く。普通は二〜三校程度ハシゴでまわるのだが、今日は本校のみという。議員本人も本校に格別興味を持ち、様々な説明を受けながら、時に質問を交えて、理解を深める様子が感じられた。特に、弓道部施設については、議員の部活体験から質問内容が鋭かった。予定時間を超えての視察となる。学校としても、初めての体験であったが、議員に割合に良い印象を与えることができた、という思いがあった。

## ■教頭のレポートのまずさ

三日ほどして、議員に付き添った経理課の職員から連絡が入る。「先日の議員訪問はご苦労さまでした。つきましては、その視察レポート、議員の質問と学校の回答を中心にした報告レポートを早速お送り下さい」という。私がその電話を受けたので、議員視察のレポートを送付するように、とＴ教頭に伝える。

すると教頭に、「えっ、あの報告を今から作成するのですか」と、驚かれてしまった。Ｔ教頭が記録担当の役割で、議員視察の報告はすぐに県に届けるべきなのを改めて確認・指示した。学校長名で県の経理課に提出するので、いい加減の報告やメモではだめだよ、とクギをさす。そうするとＴ教頭は会議室に一週間ほど閉じこもって、報告書作りの仕事に集中する。他の仕事は後回しだが、それも仕方ないか、と彼の仕事をカバーする。途中で経理課から再度の催促があり、拝むように頼まれるので、つくろいのフォローを行う。一週間以上の時間をかけてやっと報告書はできあがり、起案の文案を読む。

正直いって「これは何だ。これが本校の報告書か。全然、本校の特色と努力、さらにいえば魅力が書いてないじゃないか」と思った。事実関係が書いてあるだけで、本校の特長がアピールされていない。これならば、私が書くべきだった!

## ■私が報告書を書くならば

議員の学校視察レポートだから、嘘や偽りがあってはならないのはもちろんである。そして、時間の経過順に書くのが、構成を組み替えるよりも穏当であろう。肝心なことは、議員の質問に応える答え方である。

まずは、きちんと的確に答えながらも、続いて本校の特長がどこにあり、どういう魅力と要望に応えているかを盛りこむ。しかもそれをどう重点的にかつきちんと配分するかを工夫する。全体が長きにわたるならば、何を残し何を強調するかを考えてカットする、そのための目配りが必要なのである。本校の希望と要望は校長の生の声として形をきちんと整え、議員の受け答えを生に記録する。このことは将来の学校の展望の布石につながるのである。

### 総括

文教議員は県の教育の施策と予算に関わる。学校としては、学校の魅力と特色を売り込み、印象づけて、本校のシンパとさせる良い機会だったはずであるが、レポートは平凡、単純な作文で、そうはならなかった。

# 8　競輪客の避難所指定

## ■学校の災害避難対策

私の勤務校では、非常時の災害避難対策は万全で、グラウンドは硬式野球用のネットの柱ごとに地区のプレートが貼ってあり、防災訓練の後に必ず地区に分かれて、班を組織する。先生方も分担し、いざというときには徒歩で引率する形になっている。備蓄の食糧・水・毛布の他にテントや工具、工作機械等も備えていた。学校は丘の上にあるので津波の心配はなく、歴史的に古い地盤なので地割れや山崩れの心配もまずなかろうと思った。

しかし、ある時に市の防災計画を見て驚いた。競輪開催時の災害対策計画に、本校のグラウンドが競輪客の避難所となっている。

## ■あいまいな市の説明

学校の位置は、旧城趾に建てられており、駅から坂を上り、急な階段を上った丘の上にある。反対の側は盆地状である。途中に私立高校があり、盆地の底が競輪場となっている。反対の丘の上に、女子短期大学と県立女子高校がある。皮肉にも、競輪場を囲んで文教地区である。経済優先の時代の結果、こうなったと考えられる。

また、なぜ競輪客の避難先に私の勤務校が選ばれたのかも、予想がつく。私の勤務校としては賛成しないにしてもである。それにしても、学校に了解も説明も事前挨拶もなく、市の災害避難対策に、このような案を掲げるのはどういうことであるのか、市の担当部署に連絡する。

すると、担当は「これは市全体の災害避難計画策定の一部であり、ご指摘の点は概案の一部の周辺部分なので、内部検討もまだこれからで、最初のものです。ただし、もしそういう事態になった場合、全力で支援します」と逃げてしまった。

わかったのは、これはおそらく担当者のデスクプランであろうことである。どの地区でも災害時のために、備蓄等の用意のある学校等の避難所が指定されている。それを思えば、議会の想定質問で、市の重要事業である競輪開催時に、地震等の災害が起きた時にどうするのか、と問われた場合に、近くの公立高校が想定されたのだろう。学校のグラウンドに移動させ、テントを立てて、毛布を与え、食糧を配給する等の対策である。何千人の人々を暴徒化させないための答えなのであろう。

実際のところ、学校そのものには生徒用のものしかない。食堂設備もない。それに引きかえ、むしろ競輪場自体は広いし、本来的に多くの人の収容設備もあり、食堂もいくつかあるはずである。それゆえ、競輪場に食糧や毛布を供給した方が、よほど手っ取り早い。しかしこれでは、単純すぎて施策にはならないし、答弁にならないのだろう。

## ■施策の裏側で

指定所の問題は、議会の想定質問の答のレベルで終わるだろうと予測しながらも、災害が起きないようにと願った。しかし、教育施策の裏側で何が行われているかわからない。

後に学校の再編で建て替えの問題が持ち上がった時に、大きな問題が起きた。学校の跡地を史跡公園に、学校は別の場所に移転するようにと反対運動が起きた。その時に、本市出身の国会議員が病気のために再起不能か、という状態になった。それで、県会議員がその後釜に、そして市長経験者が県議にという話が起こった。どちらも本校卒である。その選挙資金を史跡公園派の中心が出すから、学校移転に賛成するようにという話であった。結局、国会議員が病気から復帰したので話は終わった。

学校の知らないところで、教育問題が政治的に動いている、とその時は感じたものである。

**総括**

学校は災害予防とその対策を重点に据える。学校を競輪客の避難所にしようとする判断と基準の根拠を疑う。政治施策の裏側で何が行われているかわからない。学校がそのようなことに利用されるのはかなわない。

# 9 猫と消防車

## ■校長の居ぬ間の事件

県からの出張を終えて学校に帰着する。すると、今日、学校のグランドに消防車が来て大変な騒ぎであったという報告を聞く。もちろん防災訓練の日でもないし、学校で火事を出したわけでもない。原因は猫であるという。

高校のグランドは、硬式野球の練習のために、グランドの四面にネットを張ってある。特にホームベースを中心とした辺りは高さは十メートルもあるかと思う。そのネットの頂に、猫が登り降りられなくなった。それを見た女子生徒は、消防署に電話をかけハシゴ車を要請したらしい。

## ■猫事件の顛末

消防署は学校から車で一〇分もかからない所にある。最初に学校に来た消防車は、指令車と呼ばれる、いわゆる赤いライトバンの車である。学校からの電話により、様子を見に来たらしい。学校の校門を入り、グランドをぐるりと回って、グランドに入り、猫のいるネットの前に進む。降りて様子を見る。そして車に戻り、消防車の出場指令を出したらしい。

しばらくすると、消防のハシゴ車がグランドに着いた。そうしているうちに昼休みとなった。教室棟のグランドに面する廊下の窓は、生徒がびっしりと群がっている。廊下で見られない者は、昇降口から出てきて、グランドの成り行きを見ている。まるで全生徒が猫と消防車のゆくえを見守っているかのようだ。ハシゴ車が猫の下に到着した。車を支えるための足固めをする。ハシゴがスルスルと伸びてゆく。一人の署員がハシゴを登り始めた。火事の銀装束の防護服ではなく、紺の帽子と紺の制服のままである。ハシゴの頂上に着く。

よく見ると、猫は白黒の斑で、まだ子猫のようである。そこで、署員が猫を抱きかかえようと、手を伸ばす。その時である。全校生徒が「アーッ」と叫んだのである。猫は署員の手を逃れようと駆けおりたのである。猫にしてみれば、ネットを上に上にと登って頂上に着いた。着いたは良いけれど、動きは取れず、降りられなくなった。何時間かそうしている間に、知らない人間が自分を捕まえようとやってきた。知らない人間に捕まるよりはと、思いきって飛び降りたのであろう。猫は下まで降りきり、周囲のヤブの中に隠れてしまった。

ハシゴを登った署員は目的は達しなかったけれど、役目を終えたので降りようとした。すると、生徒の中から突然拍手が起こった。それで署員は生徒たちに向かい挙手の敬礼をしてから、ハシゴ車を駈けおりた。指令車は学校にあいさつして署に戻る。

## ■後日の会議にて

その時から一か月後、消防署から何人かの署員が来て、学校で会議があった。消防署では、災害等の非常時には学校のグランドをヘリポート（ヘリコプターの発着所）に使わせてほしい、というのである。災害時の県有地利用として、また地域住民のための非常時利用として可能であろうと、いう話をする。

そういえば先日は猫のために出動いただいて、という話になった。そうすると、「実は私がその電話を受けたのです。人命に関わる話ならばともかく、このようなことは前例がない。それでまず様子を見に行こう、それから結論を出そうということになり、グランドに来て、ハシゴ車を出動させました。生徒の皆さんにも見てもらい、結果として猫も助かりました。あのままで、猫が落ちたりしたら消防が助けなかった、といわれるでしょう。あの日は、火事などもなかったので、良い結果になりました」という。

**総　括**

女子高校生の「子猫を助けて」という一本の電話から始まったグランドのドラマである。こういうドラマも学校の一つの事件である。学校では毎日、様々なドラマが起きている。

# 10　美術の専任助手を採用

## ■学校の特色で助手を採用する

県の新しい方針で学校の特色化に対して、教員補助が一人つくことになった。身分は専任、教員の助手で、学校採用の自由がある。私の勤務校は特色を芸術にしており、新校設立時の備品として、陶芸の窯として、ガス窯と電気窯の二台備えている。生徒の陶芸作品は毎年高文連の県大会や全国大会に入賞している。成人教室も開いている。

早速、本校の採用内容を公布した。その内容に応じ、三名の応募があった。それぞれに個性を持っていた。一人は美術の免許を持つベテランそうな三〇代の女性。もう一人は、陶芸専門家であるような中年の女性で、意欲的な姿勢を見せる。最後の一人は、二〇歳を過ぎたばかりの女性で、陶芸は茨城県笠間市出身なので、地元の高校でやったことがあるという。歯科技工士で、子どもの虫歯をみるのがつらいので、という。面接は、校長と事務長で行い、内容を美術教師に伝える。

そうすると、若い女性が良いという。助手として使うのに、プロや専門性のある人はいらない。必要なことは教師自身が指示し、教える。下手に専門性やプロ意識を持っていては、邪魔であり、使いにくい、という。それで、若い女性を採用する。

## ■美術・陶芸助手の働きぶり

実際に採用してみると、見立ては正解であった。実によく美術教師の指示に従う。生徒の扱いに対してもソフトであり、丁寧である。しかもよく働く。美術の助手ばかりでなく、事務室の手伝いもすれば、業務員の仕事も手伝う。時には、養護教諭の補助も行う。人当たりもよく明るい。陶芸の部活の面倒も見れば、焼くときには、夜中や早朝、徹夜仕事にも付き合い、文句をいわない。生徒や教員、成人教室の大人に立ち交じって、補助しながら手伝ううちに、陶芸の技術を学んでいく。

そして自身の技術をますます高め、身につけ腕を上げていく。作りあげた作品を次々に並べていけば、他人が見てもだれの作品かわかるようになった。当然のことながら、次の年も教員補助の更新をする。一流の教員のもとで、二年もつきっきりで、ある意味では修行するのだから、その腕といい技術は確かなものとなった。

本校の特色からいえば、単に陶芸の授業があるというだけでなく、教員と陶芸助手を含めた授業システム自体が特色となった。生徒は入れ替わるけれども、本校の陶芸の授業の中で育てば、県大会や全国大会入賞者は続いていく、と思われた。ただし、残念なことに特色助手の配当は二年しか続かなかった。学校の特色を伸ばすにしても、特色を受け持つ教師にしても、そこで働く専任助手にとっても、すばらしく効果のある方法であったが、県予算がつかないのでは仕方がない。見方を変えれば、続かなかったけれども、学校の特色を高めた効果はあったのである。

そこで、二年目を終えるに当たって、これからどうするのか、と校長と事務長で尋ねた。すると意外な答えが返ってきた。

## ■伝統工芸の職人を送りだす

四月から、地元の笠間市に戻り、笠間焼きの窯場に就職するという。この神奈川県の教員補助の二年間は、伝統の焼き物づくりの職人を育てて、地元に返したことになる。これは、本人ばかりでなく、神奈川県としても人材育成の良い機会を作ったことになる。

ただ単に給料を支払ったのではなく、伝統職人としての人材をつくったのだと、校長の私としては感無量であり、喜んで送りだした。彼女は今も、地元笠間市の窯場で働いているはずである。

**総　括**

学校特色の陶芸授業が、結果的に陶芸の職人である専門家を育てたことは、事実として事件といえる。

●筆者プロフィール●櫻井靖久（さくらい・やすひさ）
1949（昭和24）年、山梨県忍野村に生まれる。小田原市で育つ。
立教大学卒、大学院修了。
神奈川県立山北高校教諭として採用される。県教委指導主事となる。
校長として、麻生・松陽・逗葉の高校を歴任する。
三省堂高校国語教科書「明解国語Ⅰ・Ⅱ」の編集委員。
「県立小田原高校百年史」の編集長。
学事出版「高等学校推薦書・志願書記入例」（共著）。

**47のエピソードで学《まな》ぶ学校《がっこう》のリスクマネジメント**
～日常的《にちじょうてき》なトラブルへの実践的対応《じっせんてきたいおう》～

2019年４月５日　初版発行

著　者　　櫻井靖久©
発行者　　安部英行
発行所　　学事出版株式会社
〒101-0021　東京都千代田区外神田2-2-3
電話　03-3255-5471　http://www.gakuji.co.jp
編集担当　花岡萬之
編集協力　大越忠臣
表紙デザイン　株式会社クリエイティブ・コンセプト
印刷・製本　研友社印刷株式会社

ISBN978-4-7619-2554-3　C3037
Printed in Japan